Het meisje met de eierstokjes

Teksten en situaties uit
Dat heeft zo'n jongen toch niet nodig (1992-1995)
en
Geen spatader veranderd (1995-1997)
bedacht door
Herman en Wilfried Finkers

Men vraagt mij wel eens: 'Hoe lang doe je nu eigenlijk
over het schrijven van een tekst?'
Wel, daar is geen zinnig antwoord op te geven.
De ene keer zit je uren te denken zonder dat je ook maar
iets te binnen schiet en een andere keer bereik je precies
hetzelfde in nog geen vijf minuten...

Herman Finkers

Het meisje
met de eierstokjes

De meest vruchtbare teksten
uit zijn theaterprogramma's

Novella Uitgeverij
Amersfoort 1997

Tekst: Herman en Wilfried Finkers
Bewerking *Het moderne kerklied*: Willem Wilmink
Tekeningen: Ellen van Boggelen-Heutink
Grafische verzorging: Ulrike Völckers
Fotografie omslag: Johan Ghijsels en Jaap Voerman
Fotografie binnenwerk: Wolter Kobes
Lithografie: De Jong Creatieve Communicatie, Amersfoort
Druk: Koninklijke Wöhrmann, Zutphen

Met dank aan: Eric Alferink, Rob Engelsman, Jos Finkers, Mechteld Jansen, Brigitte Kaandorp, Jan Kortstee, Jan Kruse, Wilko de Ruiter, Mars Teunisz, Goaitsen van der Vliet, Daniël Wever, Gerard Winkels en Dick van Zwieten.

Internet: http://www.worldonline.nl/finkers

1e druk: augustus 1997
2e druk: oktober 1997
3e druk: november 1997

ISBN 90 6806 263 8

INHOUD

Sorry lezeres 7
Waarde lezeres. 8
Ruimte voor aantekeningen 10
Einstein. 11
Bedachte grappen 14
Educatief. 15
Geen jager, geen neger 18
Eendjes 21
Dialect. 22
Geef je verstand eens voorrang. 23
Het ritje 24
Praag. 27
Noenoenoenoenoe 28
Rob 30
Dat heeft zo'n jongen toch niet nodig. 32
Toeval 34
De diepte in 36
Een gynaecologisch praatje. 38
Kindjes 41
Het meisje met de eierstokjes. 42
Mijn kinderjaren 49
Autoverkoper 51
Nana 53
Contactadvertentie. 54
Klessebessen 55
Dansles 59
Vrouwen en Marx. 61
Aan de vleugel. 63
Carrièras 64
Gebrek aan aandacht. 65

De poëzie van mijn broer 68
De moraal 70
Woord van dank 72
Cursus 'Omgaan met teleurstellingen' 74
In de kantine 75
Het Luxortheater 77
Sollicitatiebrieven 78
Bent u Gerard Cox? 79
Sport 80
Stomawals 82
Onder water 84
De buren tappen onze stroom af 85
Willem Wever 89
Hotel 90
Ober met dame 92
Australisch bier 94
Man met vlieg 95
De aarde is rond 96
Verdoemd 103
Het moderne kerklied 104
Film 106
Het jagerslied 114
Ingezonden brief 117
Het spreukjesbos 119
De triangelist 123
Kutje believe in love at first sight 124
De papegaai 127
Erotisch duet met Brigitte Kaandorp 131
Aladdin 135
Tosti Tortellini 137
Slotapplaus 144

SORRY LEZERES

Ik was er niet op verdacht dat u zo snel dit boek zou openslaan.

Neem me niet kwalijk. Ik moet me even omkle-den.

Zo, ook weer gebeurd!

WAARDE LEZERES

 Sta mij toe dat ik even kijk wat voor vlees ik met u in de kuip heb.
Zo zeg! Ik zie me toch een mooi, verfijnd, erudiet, hoogbegaafd gezicht... ongelooflijk!!

Maar alle gekheid op een stokje, lezeres, het is natuurlijk geen gezicht dat ik in mijn onderbroek voor u sta.

 Zo, dat is beter.
Zo'n onderbroek heb ik niet nodig. Dat niveau ben ik onderhand wel ontgroeid. Ik weet niet of u mijn boekje *Ik Jan Klaassen* hebt gelezen? U kon daarin nog een schetenlied, een masturbatiescène en vele toespelingen op de geslachtelijke gemeenschap aantreffen en ik heb dan ook nogal eens te horen gekregen dat het een en ander wel érg aan de banale kant was. Ikzelf vond het ook het leukste boekje tot nu toe. Maar ik geloof wel dat ik zulke zaken niet meer nodig heb.

Zo zijn de teksten uit dit boekje afkomstig uit de theaterprogramma's *Dat heeft zo'n jongen toch niet nodig* en *Geen spatader veranderd*. Bij die shows vond ik een klungelig, zelf in elkaar geknutseld decor ook niet langer nodig en ik had daarom Jan des Bouvrie gevraagd om wat te stoeien met het toneelbeeld. Hier ziet u zijn ontwerp:

Geheel ontworpen door Jan des Bouvrie en wat jongelui van de Rietveldacademie. Alleen dat palmboompje heb ik er later zelf bij gezet.

RUIMTE VOOR AANTEKENINGEN

EINSTEIN

Ik heb in het theater een periode gehad dat ik avond aan avond twee grappen vertelde die ik zelf prachtig vond, maar waar de zaal niets aan vond. Ik blééf ze vertellen, want ik vond ze echt heel geestig en ik vind ze eigenlijk nog steeds heel geestig, maar ik heb ze eruit moeten gooien want u lachte helaas geen enkele keer.

1e grap
Einstein: 'Mijn vrouw begrijpt me niet.'

U vindt 'm niet leuk. Ik wel, ik vind 'm prachtig: Einstein die zegt dat zijn vrouw hem niet begrijpt. Maar u vindt er geen klap aan. En dan houdt het op. Het stomme is: nu ik hem opschrijf vind ik 'm wéér leuk.

2e grap
Het aantal bedreigde diersoorten neemt hand over hand toe. Er is zelfs sprake van een enorme plaag.

Misschien lacht u een beetje, maar het zal niet veel zijn.

Kijkt u eens even op de volgende pagina.

Wat zijn wij Nederlanders toch eigenlijk een raar volkje...

Ja, dat weer wel hè. Dit vindt u leuk. Geen enkel probleem hoor, als u een beha leuk vindt, dan krijgt u een beha. Daar heb ik nog nooit moeilijk over gedaan.

Dus die grap over Einstein vergeten we en die grap over het milieu vergeten we en voor die beha slaan we nog regelmatig het boekje open. Geen enkel probleem. Maar dan moet u me geen brieven schrijven met: 'Meneer Finkers, ik vind het een beetje platvloers allemaal. Want ik zei nog tegen mijn man: dat heeft zo'n jongen niet nodig.'
Nee, dat heb ik ook niet nodig. Dat hebt ú nodig.

Laatst dacht ik: ik wil wel eens weten wie mijn publiek is. Hoe erudiet dat is en op wat voor een niveau zich dat beweegt. Dus liep ik na afloop van mijn voorstelling de foyer in; er kwam een jongeman naar me toe en die zei: 'Hé, Finkers, kom eens hier. Wat is erger dan wintertenen?' Ik zei: 'Nou?' 'Sneeuwballen' zei hij. Ik dacht: is dat nu mijn publiek? 'Wintertenen' en 'sneeuwballen'? Daar doe je dan je best voor zeg. Ik dacht: Freek de Jonge zal zo'n probleem niet hebben. Zo'n man heeft natuurlijk in de loop der jaren een heel ander publiek opgebouwd. Bij hem in de zaal gonst dat vast veel ontwikkelder en dat gaat allemaal op een veel hoger niveau. Dus ik naar een voorstelling van Freek de Jonge. Na afloop liep ik met een fan mee naar de kleedkamer en die jongeman vroeg aan Freek: 'Freek, wat is pijnlijker dan het doorzien van het menselijk bestaan?' Freek antwoordde: 'Het tegenwerken van je Karma.' 'Nee,' zei de jongeman, 'sneeuwballen!'

BEDACHTE GRAPPEN

Weet u, lezeres, wat het is met die wintertenen en die sneeuwballen? Het is niet alleen een hele oude grap, maar het is ook nog eens een grap die gebruik maakt van een woordspeling. En het nadeel van een woordspeling, vind ik, is dat het al gauw wat bedacht overkomt. En de leukste grappen zijn toch die grappen die níet zijn bedacht. Maar ja, bedenk die maar eens. Als u mij op de man af zou vragen: 'Wat vind jíj nu de allerleukste grap die er ooit is bedacht?' Dan zeg ik: 'Die van die 10.000 padvinders in de blote kont.' Waarom? Tja, dat moet je zien...

EDUCATIEF

Ik weet niet precies waarom u dit boekje gekocht hebt. Mensen kunnen om verschillende redenen een boek lezen. Ik weet ook nooit precies waarom mensen naar een voorstelling van mij komen. Mensen kunnen om verschillende redenen naar het theater gaan. De een gaat naar het theater om geestelijk op zijn donder te krijgen, een ander wil wakker geschud worden, een derde wil geconfronteerd worden met het een of met het ander. Ik persoonlijk, als ik in een schouwburg zit, wil mij altijd graag vermaken. Ik zorg daarom ook altijd dat ik een goed boek bij mij heb. En ik weet zeker lezeres, dat u er ook zo over denkt. Anders had u dit boekje niet gekocht.

Het kan heel wel zijn dat u zich in zo'n theater niet alleen wilt vermaken maar ook het een en ander wilt opsteken. Ik wil ook graag met deze wens rekening houden en ik hoop dan ook dat u na het eerstvolgende schouwburgbezoek kunt zeggen: 'Goh, wat leuk, ik heb best wel wat geleerd van dat boekje van Finkers.'

Ik begin heel eenvoudig: ik begin bij de werking van de zwaartekracht.
De werking van de zwaartekracht zal ik demonstreren aan de hand van een kanon en een kanonskogel.

Dan waag ik het het niveau van het boekje nóg iets verder op te krikken. Het volgende onderwerp behelst een moeilijk actueel probleem en wel het probleem van de stijging van de zeespiegel. Hieronder ziet u een zee-aquarium.

Je kunt een zeeaquarium verwarmen; je kunt er ook voor kiezen het aquarium onverwarmd te laten. In dit geval is er voor gekozen het aquarium te verwarmen...

Hoe warmer het aquarium hoe beter, want als de mensheid veel gas verstookt, ontstaat er een broeikaseffect, waardoor de aarde warmer wordt zodat de kachel wat lager kan, wat weer een gunstige uitwerking heeft op het milieu. Bovendien heb ik uitgerekend, dat als iedereen thuis een zeeaquarium neemt, dat dan het probleem van de stijging van de zeespiegel al grotendeels is opgelost.

Dan nu nog even iets wat ik zelf bijzonder grappig vind: iedereen bestaat voor 65% uit water. Iedereen! Frits Bom, Marcel van Dam, Hans van Mierlo, ik kan me eigenlijk niet goed voorstellen dat dat allemaal water is, maar goed. Gemiddeld is dat toch 65%. De zeespiegel stijgt, dat is een groot milieuprobleem, de mensheid bestaat voor 65% uit water; dus een toename van de wereldbevolking is gunstig voor het milieu.

...Ik merk dat u toe bent aan een spelletje. Oké lezeres, u krijgt een spelletje. In het kader van de actie: *Racisme; voor je het weet ben je zelf aan de beurt,* spelen wij ons spelletje:

GEEN JAGER, GEEN NEGER

- Hartelijk welkom bij het spelletje: 'Geen jager, geen neger'. Wie heb ik aan de lijn? Wat zegt u? Ik ben moeilijk te verstaan? HARTELIJK WELKOM BIJ HET SPELLETJE: 'GEEN JAGER, GEEN NEGER', WIE HEB IK AAN DE LIJN??!!! Meent u dat? Ik ben nog stééds moeilijk te verstaan?

- Zo beter? Wie heb ik aan de lijn?
- *Mevrouw Poortman.*
- De kandidaat voor ons spelletje 'Geen jager, geen neger'?
- *De kandidaat voor ons spelletje 'Geen jager, geen neger'!*
- Wij zijn er helemaal klaar voor?
- *Wij zijn er helemaal klaar voor!*
- De regels zijn bekend?
- *De regels zijn bekend!*
- Wat...?
- *Wat zijn zoal uw hobby's.*
- Mevrouw, wat zijn zoal uw hobby's?
- *Nou, meneer, ik ben gek op taalspelletjes.*
- U bent gek op taalspelletjes? Komt dat even goed uit.
- *O, ik ben dol op taalspelletjes. Ik ken alle Seth Gaaikema-woordspelingen uit mijn hoofd.*
- U kent alle Seth Gaaikema-woordspelingen uit uw hoofd? Kunt u een voorbeeld geven van een Seth Gaaikema-woordspeling?
- *Ja hoor. Ik stond laatst met meneer Gaaikema in*

Frankrijk. Moet u zich voorstellen: naast mij stond meneer Gaaikema, daarnaast stond ík weer. Ik vroeg aan zo'n Fransman: 'Connaissez-vous Gaaikema?' Die Fransman vroeg: 'Quel Gaaikema?', waarop ik zei: 'Cet Gaaikema!' Nou, dat was wel een heel duidelijke Seth Gaaikema-woordspeling, hè?

- Nou en of. U zult vast geen problemen hebben met dit spelletje. U kent de regels van 'Geen jager, geen neger'?

- Ja hoor, die zijn bekend.

- Dan steken we van wal. U woont in Almelo?

- Dat klopt, ik woon in Almelo. Naast een neger.

ZOEOEOEMMMMMMM!

Aah, zonde hè. Zonde... Ik heb nog wel zó geoefend thuis.

- Geeft niks mevrouw, het zijn de zenuwen. En er is nog geen man overboord, we gaan rustig verder. Ik las op uw briefkaart dat u dol bent op zingen.

- Dat klopt meneer, ik ben dol op zingen.

- Dan kent u vast wel het lied: In het bos daar zijn de...

- Negers.

ZOEOEOEMMMMMMM!

Aah, jammer, zei ik weer negers. Zonde hè. Het floept er ook uit voor je er erg in hebt hè. Ja, ik dacht: in het bos daar zijn de negers. Weet u, mijn moeder zong vroeger altijd: 'In het bos daar zijn de jagers.'

- Uw moeder zong 'In het bos daar zijn de jagers'?

- Mijn moeder kon geen nee zeggen.

- Uw moeder kon geen nee zeggen?

- Mijn moeder kon absoluut geen nee zeggen. We waren dan ook met 22 kinderen thuis. 22 kinderen! Op zich wel goed natuurlijk, in verband met de stijging van de zeespiegel... Maar ja, toen kwam het broeikaseffect, hè?

- Nou en?

- *Nou en? Mijn vader had er sneeuwballen van gekregen, dus u begrijpt hoe dat eh...*
- Zeg mevrouw, mag ik een kandidaat aan de lijn die iets meer verstand heeft van taalspelletjes alstublieft?
- *Dan moet u mijn dochter hebben. U moet dan even een ander nummer draaien. 020, zeven maal 5. Ik herhaal het even omdat het vaak verkeerd wordt verstaan: 0549-664242.*
- Dank u wel! 0549-664242...
- *U bent verbonden met garagebedrijf Poortman. In tegenstelling tot andere garagebedrijven hebben wij telefoonnummer 664242. Deze lijn is even in gesprek. Heeft u een ogenblikje geduld?*
- Een antwoordapparaat...
- *...er zijn nog drie wachtenden voor u...*
- *...er zijn nog vier wachtenden voor u...*
- *...er zijn nog vijf wachtenden voor u...*
- Ja zeg, dat kan zo een eeuwigheid duren voor ik die knakker een keer aan de lijn heb.
- *Met Knakker.*

EENDJES

Trring!

Alweer telefoon.
Met Herman Finkers, wie heb ik aan de lijn?
Ach nee toch...
Ja, kiekeboe.
Ja, kiekeboe... Wat zeg je?
Ben jij vanmiddag naar de eendjes geweest?
Kijk eens aan. En wat zeiden de eendjes?
Het is niet waar...
Zeiden de eendjes 'kwak'?
Ja, dat doen ze, hè. Ja, eendjes zeggen 'kwak'.
Nee, daar doe je niks aan.
Nee, dat gaat maar van kwak.
Ja, kwak zegt het eendje, kwak, kwak.
Ja, het andere eendje zegt ook kwak.
Ja, dat gaat tegen elkaar in. Kwak, kwak, kwak.
Ja, kusje. Daaag. Ja hoor, nog een kusje. Daag.
Hè? Ja, eendje ook kusje.
Ja, andere eendje ook kusje.
Tuurlijk, alle eendjes een kusje. Ja hoor.
Ja, kwak kwak. Daaag.

Mijn moeder aan de telefoon...

DIALECT

- *Meneer Finkers, ik kan dat taaltje van u moeilijk verstaan.*
- U spreekt geen Nederlands?
- *Niet dát Nederlands.*
- U spreekt alleen dialect...?
- U *spreekt dialect, meneer Finkers!*
- Nee hoor, ik spreek Hooghaarlems. Ja, oké, als een Twentenaar zich in het Algemeen Beschaafd uitdrukt, heeft hij nog wel eens de neiging om de n in te slikken. Zo zeggen wij niet tweezitsbank, maar tweezitsbak en stak voor dak. Wij spreken in Twente ook niet van een glansbank of een dankgoot, nee, wij zeggen glasbak en dakgoot. Maar dat noem ik geen dialect, dat is een kwestie van een accentje. Ik ben er al voor bij een logopediste geweest, ik zei: 'Mevrouw, de mensen kunnen mij soms wat moeilijk verstaan.' 'Welnee,' zei ze, 'het is juist heerlijk weer!'
Dus ik spreek nu met u geen dialect. As 't mut dan ku'j onmeunig plat met mie henkuieren, mer an flantuten mevrouw, he'k weinig wil en a'k wier zonnen schoer deur de bene hen krieg umdat de leu verdan goat te mosteren en te pröttelen oawer mien algemeen beschaafd Nederlands, kijk dán mevrouw, spreek ik dialect.
- *Joa, mer zo kaan'k oe ok wa verstoan.*

GEEF JE VERSTAND EENS VOORRANG

 'U wilt hier rechtsaf. Mag dat?'

'Ja, u mag hier rechtsaf.'

 'U wilt hier stoppen. Mag dat?'

'Dit is Willeke Alberti. Mag dat?'

 'Dit is de hoofdstad van Irak. Bag dat?'

HET RITJE

Mijn vrouw en ik hadden het plan opgevat er een week-je tussenuit te gaan. Nou, ik kan u wél vertellen: met je vrouw een paar honderd kilometer in één auto... Dan wordt je huwelijk behoorlijk op de proef gesteld. Zíj reed!! Op een gegeven ogenblik moesten we tanken. Ik vroeg aan haar: 'Weet je wel aan welke kant van de auto de tankdop zit?' 'Dat maakt niet uit,' zei ze. Ik zei: 'Natuurlijk maakt dat wel uit.' 'Welnee.'
Nu moet u zich voorstellen: ze zette de auto aan de réchterkant van de pomp. Ze wou tanken, kon niet. De tankdop zat réchts van de auto. Dus ik zei tegen haar: 'Je had de auto links van de pomp moeten zetten.' 'Welnee,' zei ze, 'dat had niks uitgemaakt. Kijk maar.' En ze zette de auto aan de andere kant van de pomp:

Ik zei: 'Laat maar, ík rij.' We reden nog niet of ze zei: 'Je moet hier rechtsaf.' Ik zei: 'Dat maak ik zelf wel uit!' Dus ik ging rechtsaf en meteen kwamen we in een file terecht. Maar gelukkig, we waren niet de enigen.
Tja, wat doe je in zo'n file: je kijkt eens wat om je heen en nu zag ik in de auto naast ons een man met een vlieg op zijn voorhoofd. Dus ik gebaarde:

'Er zit een vlieg op uw voorhoofd!'

'U kunt hem zó doodslaan.'

'Hij zoemt nu om uw hoofd.'

'Als u zó doet heeft u hem te pakken.'

'Nu zit hij op uw voorruit. U
kunt hem met deze vinger zó
dooddrukken.'

'Wat zegt u? Ja hoor, met deze vinger kan het ook.'

De man kwam uit zijn auto, pakte een enorme bijl uit zijn kofferbak en sloeg daarmee met één klap ons linkerachterlicht finaal kapot. Ik vroeg: 'Is ie dood?'

Daar stonden we. Zonder linkerachterlicht. Het heeft ons de hele dag gekost om het zaakje gerepareerd te krijgen. Pas laat op de avond kon ik verder rijden, over de nu eenzame snelweg, met m'n vrouw slapend op de achterbank en de Evangelische Omroep troostend op de radio:

Wanneer u een beetje eenzaam bent vannacht. En bij u-zelf denkt: waartoe leidt alles. Waartoe ben ik op aard en wat heeft alles voor een zin... Juist op zo'n moment kan God u tegemoet komen. Haal niet in, blijf rechts rijden en probeer hem met lichtsignalen te waarschuwen.

Saaie vakantie. De volgende ochtend stonden we wéér in de file. Mijn vrouw zei nog tegen mij: 'En denk erom dat jij je dit keer gedraagt, hè.' Maar ja, je verveelt je toch in zo'n file en om een lang verhaal kort te maken: dit keer moest ons réchterachterlicht eraan geloven. Het werd m'n vrouw allemaal te veel. 'Het is toch ook verdorie altijd hetzelfde wanneer ik met jou op vakantie ga. Nou moeten we weer naar zo'n stomme garage. Ik ben het goed zat. Ik ga hier langs de kant van de weg staan, ik steek mijn duim omhoog en de eerste de beste die mij meeneemt, daarmee ga ik op vakantie.'
Binnen een minuut zag ik hoe mijn vrouw in een blauwe Ferrari stapte en wegreed. Een blauwe Ferrari, waarvan nota bene het rechterachterlicht kapot was. De rest van de week heb ik alleen doorgebracht. Saaie vakantie.

PRAAG

Dit jaar zijn we op vakantie geweest in Praag. Met een reisgezelschap. Maar dat doen we nooit weer. Zo'n reisgezelschap houdt er van die eigenaardige opvattingen op na. Ik vroeg aan de reisleidster: 'Wat verstaan ze hier in Praag eigenlijk beter, Duits of Engels?' Toen zei ze: 'Duits, maar je moet wel in het Engels beginnen hoor, anders denken zij dat jij een Duitser bent!' Ik zei: 'Oké.' Ik liep naar zo'n Tsjech, maakte beleefd de Hitlergroet en zei: 'Do you speak English?'

NOENOENOENOE

Mijn hobby is naaktfotografie. Ik mag ontzettend graag in mijn blote kont zonsondergangen fotograferen.

Deze dia heb ik gemaakt tijdens onze vakantie op het Caribische eiland Noenoenoenoenoe. Maar er klopt iets niet. Ik zie het al, de dia staat in spiegelbeeld. Even kijken of ik 'm goed kan krijgen...

Ja, zo is hij goed.

Hoe kwamen we terecht op Noenoenoenoenoe? Wel, ik had een prijsvraag gewonnen. Anders kom je er niet. Mijn vader moet u weten, dreef een meubelzaak in Almelo. Rare uitdrukking eigenlijk, hij drééf een meubelzaak. Laat ik het zo zeggen: hij probeerde zijn kop boven water te houden. En bij het 25-jarig bestaan van meubelzaak Finkers had mijn vader een prijsvraag uitgeschreven:

Maak de volgende slagzin zo mooi mogelijk af:

Zoekt uw interieur iets flinkers,
koopt dan uw meubelen bij firma...

Mijn vader vond dat ik verreweg de mooiste slagzin had en zo wonnen wij een reis voor twee personen naar het Caribische eiland Noenoenoenoenoe. Met de klemtoon op 'noe'.

Wat maakt Noenoenoenoenoe noe zo bijzonder? Niets. Helemaal niets. Volgens onze reisgids hoort het eiland Noenoenoenoenoe bij de Antillen en staat het bekend als ongeschikt vakantieoord. De enige attractie van belang is het nationaal museum waar enkele gouaches zijn te bewonderen. Gouache is een Antilliaanse schilderstechniek waarbij men gebruik maakt van een *koewasje*.

Je moet je daar dus zelf zien te vermaken. Ik zie ons nóg zitten op het balkon van ons hotel op Noenoenoenoenoe. Windkracht negen: 'Zo, ik verveel me kapot met dit weer.' 'Ja,' zei mijn vrouw, 'het kan blijkbaar toch nog knap fris zijn op zo'n Caribisch eiland,' terwijl ik toekeek hoe het ijsklontje in mijn Piña Colada langzaam aangroeide.

ROB

Als we op vakantie gaan, nemen we altijd een paar cassettebandjes mee. Op onze eerste avond in het hotel op Noenoenoenoe zette ik een bandje op van Rob de Nijs en ik maakte dat ik weg kwam...
Ik liep het hotel uit, wie kwam ik daar tegen? Rob de Nijs! Dat is zó stom! Ik heb niks met Rob de Nijs, maar wanneer je hem onverwacht op vakantie tegenkomt, dan word je toch verlegen hoor, lezeres. Je gaat blozen, je gaat stotteren, je gaat je aanstellen, je flapt er de stomste dingen uit en achteraf schaam je je kapot. Ik zei: 'O, Rob de Nijs!!! Rob de Nijs...!' Achteraf schaam ik me dood tegenover Rob de Nijs. Ik kon wel door de grond zakken. Maar van de andere kant vind ik: Rob de Nijs, en dat mag best wel eens een keer in het openbaar gezegd worden, ik vind Rob de Nijs, hij heeft een leuke kop, hij heeft een goede stem, eerlijk is eerlijk, voor zijn figuur heeft hij ook een leuke leeftijd, maar hij doet soms dingen waarvan ik zeg: kijk, dat hoeft niet. Nee, een rare kwibus af en toe hoor. Want ik las laatst de Privé, bij de kapper, als ik naar de kapper ga neem ik altijd de Privé mee van huis, ik heb een jaarabonnement, dus ik ging met mijn Privé naar de kapper en ik las in die Privé:

ROB DE NIJS OP KRETA

dan denk ik: wie is Kreta nou weer?
Kijk, zo'n levensstijl, daar hou ik niet van. Dat heeft zo'n jongen niet nodig. Misschien kan hij de druk van het succes niet aan. Want het artiestenleven is zwaar

hoor. In diezelfde Privé las ik:
Dronken achter het stuur wordt zwaarder bestraft...
Belasting ontduiken wordt moeilijker gemaakt...
Valsheid in geschrifte wordt strenger gecontroleerd...
Hoerenlopers worden geregistreerd...
Kortom: ze moesten de artiesten weer eens hebben. Altijd zijn wíj aan de beurt. Volgens mij is het een kleine groep die het verpest voor de rest. Rob de Nijs voorop. Laten die artiesten zich een beetje gedragen.
'Hoe wilt u geknipt worden?' vroeg de kapster mij. Ik zei: 'Topless.'

DAT HEEFT ZO'N JONGEN
TOCH NIET NODIG

Dat heeft zo'n jongen toch niet nodig.
Dat is volkomen overbodig.
Denkt hij nu echt dat zoiets moet?
Zo heeft zijn moeder hem vast niet opgevoed.

In het café klinkt een mop,
het bedenkelijke werk:
een Turk, een neger en een jood
gingen samen naar de kerk.
'Die grap is niet fijn,'
zegt de kastelein.
'Het is kwetsend
en bepaald niet sterk.
Altijd weer die grappen over de kerk...

Dat heeft zo'n jongen toch niet nodig.
Dat is volkomen overbodig.
Denkt hij nu echt dat zoiets moet?
Zo heeft zijn moeder hem vast niet opgevoed.'

Het ergst van allemaal,
het is een grof schandaal,
is André van Duin,
hij spot met elke kwaal.
Ain Mann mit ain Accent,
een psychiatrisch patiënt,
een scheel oog,
een wijd uitstaand oor;
ons hele Koningshuis haalt hij erdoor.

Dat heeft zo'n jongen toch niet nodig.
Dat is volkomen overbodig.
Denkt hij nu echt dat zoiets moet?
Zo heeft zijn moeder hem vast niet opgevoed.

De apostelen zaten een keer
in een bootje op het meer.
Ze waren ongerust,
ze zochten de Heer.
Ze zagen hem even later
wandelen op het water
en Petrus dacht:
wat overbodig,
dat heeft zo'n Jongen toch niet nodig?

Dat heeft zo'n jongen toch niet nodig.
Dat is volkomen overbodig.
Persoonlijk vind ik niet dat dat echt moet.
Hoe heeft mijn moeder mij in godsnaam opgevoed?

TOEVAL

Ik heb onlangs aan tafel gezeten met leden van de koninklijke familie. Ik heb enorm met die lui gelachen. Het was een gala-avond in het kader van de aidsbestrijding. Ik zei nog tegen Claus: 'Hoe kun je nu met een gala-avond aids bestrijden?' 'Nou ja,' zei Claus, 'er wordt tenminste even niet genaaid.' Claus lachen, wij lachen, gezellig. Het was een heel ontspannen avond. De sfeer was heel los. Zelfs zó los dat Bernhard mij op een gegeven ogenblik zijn vakantiefoto's liet zien. 'Kijk,' fluisterde Bernhard tegen mij, 'dit is de vrouw van mijn leven. Schitterend mens, prachtige herinneringen bewaar ik aan haar.' Ik keek naar die foto en ik dacht: 'Verrek, die ken ik...' Ik zei: 'Bernhard, heb jij een blauwe Ferrari?' Hij zei: 'Ja, hoezo?' 'Dan mag je je rechterachterlicht wel eens laten nakijken.'
'Hoe weet je dat?' zei Bernhard. 'Dat weet ik toevallig.'
'Toeval bestaat niet,' zei Bernhard beslist. 'Hoe bedoel je?' 'Nou, net zoals ik het zeg. Toeval bestaat niet. Alles is voorbestemd.' De calvinistische levensvisie hè. Alles is voorbestemd. Ja, ja, Bernhard. Maak je je er maar mooi gemakkelijk van af. Dat je met mijn vrouw op stap bent geweest was zeker ook voorbestemd?' 'Ja, hoor, dat heeft zo moeten zijn. Toeval bestaat immers niet.'
Ik zei: 'Toeval bestaat wel degelijk.'
Hij zei: 'Toeval bestaat niet.'
Ik zei: 'Toeval bestaat wel degelijk.'
Hij zei: 'Toeval bestaat niet.'
Ik zei: 'Toeval bestaat wel degelijk.' Om van deze zinloze discussie af te zijn, zette ik mijn transistorradio

aan en ik hoorde iemand zeggen: 'Toeval bestaat níet.'
Ik zei: 'Nou, als dat geen toeval is, dan weet ik het niet
meer!'

Ik gaf nog een voorbeeld: 'Luciano Pavarotti staat op
de Dam. Van het dak van Krasnapolsky waait een dakpan. Nét op dat ene kleine plekje waar Pavarotti níet
staat, komt die dakpan terecht. Is dat toeval of is dat
geen toeval?'

Zwijgend heeft Bernhard me in de blauwe Ferrari
thuisgebracht. De prins reed zelf. Dus ik was twee uur
te vroeg thuis. Vlak voor ik uitstapte, opende Bernhard
weer zijn mond: 'Wanneer een epilepticus elke dag om
drie uur een toeval krijgt, dan noem ik dat geen toeval
meer.'
Vond ik ook niet gek.

DE DIEPTE IN

Er wordt wel beweerd dat mijn programma's geen diepte hebben. Ikzelf heb opmerkingen als zouden mijn programma's geen diepte hebben nooit begrepen. Ik kan zo een hele serie dieptepunten opnoemen.
En ik meen ook werkelijk dat, wat ik zo in de loop der jaren hier op het toneel heb verteld, dat daar best wel wat in zit en dat dat ook wel stof tot filosofische bespiegelingen heeft opgeleverd. Maar vooral dat ik daarin wat van mezelf heb prijsgegeven. Maar blijkbaar komt dat niet als zodanig over.

En op 3 augustus 1992, ik zal het nooit meer vergeten, zette ik mij aan het schrijven van een nieuw programma. Ik zat die derde augustus bij de radio en ik hoorde:

In Bosnië zijn opnieuw vele doden gevallen bij een zwaar bombardement op Sarajevo. In Belfast is de IRA begonnen aan de hevigste serie aanslagen tot nu toe. De hongersnood in Somalië dreigt alle voorgaande te overtreffen. Het aantal daklozen stelt de Amerikaanse staat voor schier onoplosbare problemen. Tot zover het nieuws van 3 augustus.
Ik dacht: 'Is toch wat. Is het al weer 3 augustus?'

Deze opmerking is wel erg hè? Maar neem me niet kwalijk, het is ook wel een rare wereld tegenwoordig. Het wordt alsmaar agressiever en racistischer. Ook in het theater: je kunt geen cabaretprogramma bezoeken of de grappen over minderheden vliegen je om de oren. Ik hou daar niet van. Dat is me allemaal veel te gemakkelijk. Binnenkort verschijnt er een cd getiteld *Wij gaan naar Lourdes*, een gezamenlijke productie van Manke Nelis, Koos Alberts en Jules de Corte en, ja natuurlijk, dan is het erg verleidelijk om daar vanachter je veilige schrijftafel of in een beschut theater een beetje flauw over te gaan zitten doen, maar ik vind dat niet nodig. Wíj zitten ons bij die grappen te verkneukelen, maar de gehandicapten moeten dat allemaal met lede maten aanzien. Jammer, jammer, jammer.

Ook vrouwonvriendelijke opmerkingen zal men mij nooit horen bezigen, want ik vind natuurlijk, net als u lezeres, dat de emancipatie van de vrouw een goede zaak is. En wat dat betreft is er ook nog wel heel wat werk aan de winkel. Neem nu eens zo'n opmerking als 'dat is de-vrouw-van'. Dat wordt van míjn vrouw nog al eens gezegd: 'Dat is de-vrouw-van'. Zou u dat pikken, lezeres? Ik vind het vreselijk: 'de-vrouw-van'. Mijn vrouw leidt haar eigen leven, wat zullen we nou krijgen. O god ja, mijn vrouw leidt haar eigen leven. Dat kon wel wat minder eigenlijk. Ja, mijn vrouw is druk de laatste tijd. Zo druk, zo druk. Al gaat ze gelukkig wel af en toe mee op tournee. De voorstelling heeft ze natuurlijk wel een keer gezien, dus zit ze soms hele avonden alleen op onze hotelkamer. Vandaar dat ze onlangs een draagbare tekstverwerker heeft gekocht. Dan heeft ze wat te poetsen.

EEN GYNAECOLOGISCH PRAATJE

Inleiding op 'Het meisje met de eierstokjes', een sprookje van gynaecoloog Floris-Jan van Zuyderwijck, tussen neus en schaamlippen door verteld en doorverteld aan u, lezeres.

Ik weet natuurlijk niet hoe ver uw kennis omtrent de gynaecologie reikt; daarom voor alle zekerheid dit inleidend praatje.
Vrouwen kun je verdelen in twee groepen.
Maar ik zou het niet doen.
Het is ongelooflijk veel werk.
Maar wel mooi werk. Want is het niet prachtig dat de hele natuur op te delen is in twee groepen? Mannetjes en vrouwtjes? Een elk voortgekomen uit de samensmelting van een eicel en een zaadcel? Zo'n zaadcel die na zijn lozing wacht op het vrijkomen van een eitje... Komt er geen eitje vrij, dan kan het zaadje wachten tot het een... nou ja, vrij lang wachten in ieder geval, maar gelukkig komt er bij de mens eens per maand een eitje vrij. Ook veel dieren kennen een maandelijkse cyclus, behalve natuurlijk de weekdieren.
Dankzij onze kennis omtrent de maandelijkse cyclus kunnen wij gebruik maken van periodieke onthouding als anticonceptie. Periodieke onthouding als anticonceptie wil wel, mits men aan drie zeer strenge voorwaarden voldoet:
1. de vrouw moet een bijzonder regelmatige cyclus hebben,
2. je moet goed kunnen rekenen en...
3. je moet gek zijn met kinderen.

Aanstaande ouders vragen mij wel eens: dokter, wat adviseert u eigenlijk, borstvoeding of flesvoeding? Dan zeg ik altijd: borstvoeding wíl wel, maar u moet er wel rekening mee houden dat een tepel niet eerder steriel is of je moet hem tien minuten hebben uitgekookt.

Maar eerst is het zaak de boel bevrucht te krijgen. Als het eitje en het zaadje elkander gevonden hebben, ontstaat er een vruchtje. U ziet hier een weckfles vol met dergelijke vruchtjes.

Uit esthetische overwegingen heb ik gekozen voor plantaardige vruchtjes, het zijn vruchtjes van de Noenoenoenoenoebraam. In de medische plantenencyclopedie kunt u alles over deze vrucht lezen. U zoekt de plant simpelweg op in het alfabetisch register. Het alfabetisch register vindt u onder de A. En daar lezen we het volgende over deze vrucht:

Noenoenoenoenoebraam. Tegenwoordig denken veel mensen dat de Noenoenoenoenoebraam giftig is. Vroeger, toen men dichter bij de natuur stond, zagen de meeste mensen deze braam juist als een gezonde lekkernij, maar door natuurlijke selectie is deze groep gaandeweg kleiner geworden. Want in tegenstelling tot de gewone braam, is de Noenoenoenoenoebraam zéér giftig. Althans, als u meerdere vruchtjes eet. Het eten van één klein vruchtje is nog niet schadelijk.

Wel, als dit gezegd wordt in zo'n gerenommeerd werk als de medische plantenencyclopedie, dan hoef je er niet aan te twijfelen dat het eten van één klein vruchtje inderdaad onschadelijk is. Ik neem dan ook nu met een gerust hart één zo'n vruchtje tot mij:

Lezen wij verder:

Kijkt u eens naar zo'n braam. Is het geen klein wondertje? Het is opgebouwd uit wel hónderd vruchtjes...

KINDJES

(Ter nagedachtenis aan Floris-Jan van Zuyderwijck)

Zo'n zaadcel en zo'n eicel
vormen samen weer één cel.
Dat deelt zich tot een kindje
en dan gaat het razendsnel.

Met die kleine kinderen
gaat alles razendsnel.
Zo kreeg ik in september
er een nieuw nichtje bij.
Wat later zag ik haar weer
en toen was het alweer mei.

Het is belangrijk bij zo'n nichtje dat
wanneer je op haar past,
dat je haar niet heter
dan 40 graden wast.
En niet centrifugeren
want dan loopt de trommel vast.

Laatst bij het logeren
kwam mijn nichtje aan mijn bed:
'Oom Herman, ik heb hoofdpijn.'
Ik zei: 'Kom maar in mijn bed.'
'Nee, oom Herman...
ik heb hoofdpijn zei ik net.'

HET MEISJE MET DE EIERSTOKJES

Een gynaecologisch sprookje dat u terugvoert naar het eind van de vorige eeuw.

Eind vorige eeuw was de woningnood in ons land erbarmelijk. Pas aan het begin van deze eeuw kwam de woningnood een beetje op gang. Om uiteindelijk in de jaren dertig tot een grote bloei te geraken. Maar toentertijd was hij erbarmelijk.

Kerstavond, eind vorige eeuw. Het was die bewuste kerstavond bar en bar koud en slechts een enkeling waagde zich op straat.

Jacobus, de oude orgeldraaier, had behoorlijk last van zijn stem. Maar hij was niet de enige. Iedereen had last van Jacobus z'n stem.
Een meisje was die avond laat nog aan het werk. Het was een straatarm meisje dat in leven probeerde te blijven door bij de gegoede families de poeptonnen op te halen.

Ja lezeres, u zegt: 'Gattegat.' Velen keken net als u op het goede werk van het meisje neer, maar zij zelf zei altijd maar: 'Ach, zo'n keutel, daar heeft niemand met zijn vingers aangezeten.'

Ze moest alleen nog de ton van de tandarts ophalen en dan zat het er op voor vandaag. Ze wilde de deur van tandarts' huisje opentrekken, maar helaas: bezet. Pot dicht. Maar het meisje zou het zó vervelend vinden voor de tandarts als hij uitgerekend met de feestdagen met een volle ton moest blijven zitten, dat ze zwoer niet eerder naar huis te zullen gaan voor ze haar mooie taak had volbracht. Maar ja, ze had ook wel makkelijk kletsen, ze hád geen huis. Welnee, ze was wees en had een moeilijke jeugd achter de rug: haar vader was pedofiel en haar moeder overleed op elfjarige leeftijd. Haar vader was overleden aan iets dat ik maar beter helemaal niet bij name kan noemen. Foei, wat was het guur. Als ze het weer eens zo koud had, de tyfus haar opvrat en haar rug stijf stond van de pijn door de tot de rand toe gevulde tonnen, dan droomde ze vaak van een witte prins op een knap paard, die iets in haar zou zien, dat nog nooit iemand anders had gezien. Jammer eigenlijk, dat niemand door haar armoedig uiterlijk heenkeek.

Want ach, al stonden haar tanden wat naar voren,
ze kon me eigenlijk wel bekoren,
als de wind speelde met haar oren
en ze had zich net geschoren...

O hemel help, nu ze zo een tijd stilgezeten had, kreeg ze het wel héél erg koud. Om niet te bevriezen, warmde ze zich aan een verse ton. Het meisje raakte bedwelmd en kreeg een visioen:

Ze zag haar overleden vader weer. Ze zag hoe pappa, zoals elk jaar vlak voor Kerst, in de weer was op het landgoed van de textielbaron om een fraaie kerstboom voor haar te stelen. Haar pappa was een stoere pappa. 'Hak,' deed pappa, 'hak, hak!'

'Van onderen!'
'Hoe?'
'Van onderen!'

En zo was pappa dus aan zijn einde gekomen.

'Waar ben jíj in hemelsnaam mee bezig?' vroeg de pastoor die toevallig voorbij kwam. Het arme wicht begon luid te wenen.

'Wat scheelt eraan, kind?' 'O, pastoor, ik heb het zo koud. En ik ben zo vies en zo lelijk, pastoor. O, pastoor, ik ben zó lelijk! Ik ben zo lelijk als...' 'De nacht?' hielp de pastoor. 'Nee pastoor, ik ben zo lelijk als...' 'Een heks? Of een trol of een kobold?' 'Nee, pastoor, ik ben zo lelijk als ik er uitzie!' 'Ach kom, zó erg zal het vast niet zijn.'

Ze wist niet hoe snel ze weer naar haar ton moest. Deze keer keek ze regelrecht de hemel in...

Ze zag hoe de zojuist doodgevroren orgeldraaier Jacobus aanklopte bij de hemelpoort. Petrus deed open en zei: 'Kom maar mee Jacobus, jij gaat naar de hel.' 'De hel?' vroeg Jacobus. 'Maar waarvoor word ik dan gestraft?' 'Nee,' zei Petrus, 'jij wordt niet gestraft...'
Drie kwartier later kwam het tweetal terug uit de hel. Petrus bracht de dodelijk vermoeide orgeldraaier bij Jezus van Nazareth. O, die kende ze wel, de goede Jezus van Nazareth. De goede Jezus genas de orgeldraaier door hem te zegenen met zeven kleine kruisjes. Dat deed Jezus heel handig:

Wat ze daarna te zien kreeg, deed haar hartje overslaan van vreugde. Ze zag haar moeder weer. Ze zag mamma in de hemel aanzitten aan een rijkgedekte tafel. Op zilveren schalen lagen de karbonades, schouder aan schouder...
Mamma reikte haar een warme karbonade aan. 'Mamma,' zei het meisje, 'mamma...'

'Hallo moppie!' Verschrikt keek ze achterom. Ze keek regelrecht in de misselijke tronie van de zoon van de textielbaron. Hij had een paar mede-etters meegebracht. Snel greep ze naar haar ton. Maar helaas, de warmte was verdwenen. 'Getverderrie, wat een stank,' riep er een. 'Hé, lelijke rotheks! Moet jij een klap op je bek?'

Och, en het lieve wicht kon geen nee zeggen, hè...

Uren achtereen heeft ze bewusteloos in de vrieskou gelegen. Een mager hondje, dat net zo eenzaam was als zij, kwam voorbij en vleide zich tegen haar aan. Op het toilet ontwaakte de tandarts uit zijn roes. De man kwam naar buiten en toen de tandarts het arme meisje zag liggen, liepen hem, hoe dronken hij ook nog was, spontaan de tranen over de wangen. God, wat moest hij lachen. Zo zeg, haar tanden stonden nu wel héél ver naar voren.

Het leek de tandarts maar het beste haar tanden gewoon te laten staan en de rest van haar lichaam een halve meter naar voren te plaatsen. De tandarts had het niet meer en wilde net zijn warme huis weer ingaan toen het arme kleine hondje met een klagend gepiep zijn aandacht en medelijden probeerde te wekken. Met een ferme trap werd het diertje zo'n dertig meter door de lucht geslingerd. 'Honden!' gromde de tandarts. Hij had nooit begrepen wat een mens met een hond moest. Oké, als je blind bent, dan kon hij zich nog wel voorstellen dat je een hond neemt. Dan hoef je niet de hele tijd tegen dat beest aan te kijken. Maar voor de rest...En de tandheelkundige trok de deur achter zich dicht.

Het meisje keek om zich heen:

Die grauwe koude wereld van haar had plotseling een warme gloed gekregen. Die kille nare stad geleek nu één groot sprookjesachtig winterwonderland. Ze begreep hieruit dat ze stervende was. 'Lieve Heer,' smeekte het meis-

je, 'mag ik dan nu alsjeblieft naar mijn mamma en mijn pappa in de hemel?'

Voor zo'n smeekbede kon geen enkele god, laat staan de enige, ongevoelig blijven. En zie: in de verte kwam reeds haar witte prins op het knappe paard aangegaloppeerd. Het was prins Floris-Jan van Zuyderwijck! Afgestudeerd gynaecoloog. En in zijn spiksplinternieuwe doktersjas was hij inderdaad een prachtige witte prins. En de prins galoppeerde en galoppeerde en galoppeerde. En ook zijn paard galoppeerde en galoppeerde en galoppeerde. En nadat ze zo een paar rondjes achter elkaar hadden gegaloppeerd, rustten ze bij het meisje uit. De prins knielde bij het meisje neer en gaf haar wat te drinken.

'Ik heb niks te eten,' zei ze. De prins gaf haar wat te eten.

'Ik heb niets meer om me aan te warmen,' zei ze. De prins drukte... haar tegen zich aan.

'Ik heb niets te klagen,' zei ze.

Ze opende stervende haar mond
en zei tegen Floris-Jan,
dat er iets voor hen beiden
in de sterren geschreven stond.
Floris-Jan vroeg haar
wat dát dan wel mocht wezen.
Het meisje sprak:
'Kan ik op zo'n afstand niet lezen.'

'Jij bent voor mij de allermooiste,' zei de prins.

'Nou,' zei het meisje, de allermooiste... Vast niet omdat ik zo'n mooi hoofd heb.'

'Nee,' zei de prins, 'ben je gek!'

'En ook niet omdat ik zulke mooie benen heb.'

'O, gattegat,' zei de prins.

'Maar Floris-Jan, wat zie je dan in mij?'
En de prins sprak, met zijn spiegeltje, spiegeltje in zijn
hand:
'Gij hebt de mooiste eierstokjes van het land!'
'Want,' zo zei hij buiten zinnen,
'echte schoonheid zit van binnen.'

MIJN KINDERJAREN

Ik ben in 1954 geboren, in de mooie stad Almelo. Ik werd zeven dagen te vroeg geboren. Dat vonden mijn ouders niet erg. Stel dat ik zeven dagen te láát was geboren; die eerste week is juist zo leuk en die hadden ze dan moeten missen.

Volgens mijn moeder was het een pittige bevalling en zoals zo vaak gebeurt, perste ze er eerst een flinke keutel uit.

'Daar hoeft u zich helemaal niet voor te schamen, hoor,' zei de vroedvrouw, 'dat hoort allemaal bij een bevalling.' En ze legde de keutel op de buik van mijn moeder.

Toen even later ikzelf ter wereld kwam, maakte ik een zodanige indruk op mijn vader dat hij geëmotioneerd raakte en begon te huilen.

Iedereen in de kamer werd stil
en mijn vader bracht snikkend te berde:
'Nu weet ik zeker dat ik twéé kinderen wil!'
Ik was thuis de derde.

Tot vreugde van de pastoor bleef ons gezin niet beperkt tot drie kinderen. Volgens goed katholiek gebruik deden mijn ouders aan periodieke onthouding.

Mijn vader schreef op het laatste geboortekaartje:

Met uitzichtloze vreugde geven wij kennis
van de geboorte van ons twaalfde kind.
Het is een jongen en wij willen hem
voor nog geen f 1.000,- f 650,- missen.

Overigens hadden mijn ouders weinig te klagen over mij. Ik was een abnormaal braaf kind. Abnormaal braaf. Het enige dat op mij viel aan te merken, was dat ik nogal dromerig van aard was. Wat heet dromerig: ik heb een keer een half uur aan de kapstok gehangen omdat ik vergeten was mijn jas uit te trekken. Zo dromerig was ik in die tijd. Mijn moeder sprak bezorgd: 'Oons Herman is kats op 't rabat!'

Bij ons thuis sprak men erg plat. Nu spreekt men in Twente toch al erg plat, maar bij ons thuis sprak men wel héél erg plat. Kijk: de heer en mevrouw 'Huiskes', dat wordt in het plat heel eenvoudig: de heer en mevrouw 'Huuskes'. Maar bij ons thuis werd 'Jansen' al 'Huuskes'. Zo enorm plat spraken wij thuis.

En in 1968, u weet wel, toen Jan Huuskes de Tour de France won, stond ik weer eens te dromen in de slagerij. 'En, wat zal het wezen?' riep de slager mij wakker. 'O, meneer, mijn moeder wou graag een zelfgemaakte rookworst.' 'En wat heb ík daar mee te maken?'

'O, dat weet ik niet meneer.' Ik had daar weer eens geen antwoord op en liep onverrichterzake naar huis. Die middag schafte de pot wederom boerenkool zonder worst. Ik keek naar mijn bord en zag tussen de boerenkool een levende slak kruipen. Klinkt gek, maar nú nóg lust ik geen slakken.

'Wat wil je later worden, jongen?' vroeg mijn moeder mij vaak. Ik wist het niet, eerlijk, ik wist het niet. Ik zei: 'Moeder, hou maar een keer op, want ik heb toch geen flauw benul van wat ik later wil worden.'

Tot ik op een ochtend de fanfare voorbij zag marcheren met al die mensen in die schitterende kostuums met die blinkende instrumenten en die klinkende muziek. Toen ineens wist ik wat ik later worden wilde:

AUTOVERKOPER

'Als autoverkoper ben ik er niet om u een auto te verkopen. Welnee. Ik ben er om samen met u een vervoersprobleem op te lossen. Stel: u heeft een auto nodig en uw oog is daarbij gevallen op ons bedrijf. Gefeliciteerd! Waarom gefeliciteerd? Omdat ons bedrijf beschikt over een enorm uitgebreid GTI-gebeuren. Veel mensen zeggen: zo'n GTI-verhaal, is dat de extra kosten wel waard? Dan zeg ik op mijn beurt: dat ligt er maar aan hoe u uw geld wenst te besteden. Uit een onderzoek van de Vereniging Eigen Huis bijvoorbeeld is gebleken dat veel huiseigenaren honderden, wat zeg ik, soms zelfs duizenden guldens uitgeven aan een dakgoot, terwijl ze er zelden of nooit in zitten.

Uw oog is gevallen op deze zescylinder; ik vind dat u daarmee een goede keus hebt gedaan. Waarom vind ik dat? Dat vind ik omdat deze wagen standaard is uitgerust met een airbag. Wat is een airbag? Een airbag is een zichzelf opblazend luchtkussen geplaatst in het stuur. Ik moet u wel waarschuwen dat voor sommige klanten zo'n luchtkussen ethisch gezien nog geen eenvoudig geval is. Een zwager van mij bijvoorbeeld kocht ook een auto waarin standaard zo'n luchtkussen was geplaatst. Weet u, mijn zwager heeft het luchtkussen uit de auto laten verwijderen. Want mijn zwager redeneert: wanneer ik een ongeluk krijg, wil ik niet hebben dat ík het wel overleef en mijn vrouw niet. Voor dat standpunt is wel wat te zeggen natuurlijk, maar de redenatie klopt niet helemaal, vind ik. Want hoe gaat dat in het moderne relatiegebeuren? De ene keer rijdt de man, de andere keer rijdt de vrouw. Als ik gedronken heb bijvoorbeeld, rijdt altijd mijn vrouw. En wanneer krijg je de meeste ongelukken? Als je gedronken hebt!

Tot slot wil ik niet onvermeld laten dat deze wagen beschikt over bijzonder veel beenruimte. En ik zeg altijd maar: wie haar benen spreidt, spreidt gezelligheid.

Ik zou daarom ook zeggen: als u dit even ondertekent, dan mag u zich de gelukkige eigenaar noemen van deze zescylinder GTI. Neemt u mijn pen maar. Ik heb altijd twee balpennen bij me. Ja, gek hè, ik heb altijd twee balpennen bij me. Een gewone balpen en een bijbalpen.

Jacquelien, Jacquelientje, tik jij dit even uit? Gewoon, een standaardcontractje voor meneer. Standaardcontractje, je weet wel: 'Heden, 3 augustus etcetera, etcetera, etcetera...' Hè? Ja, hoor. "Etcetera" is met een c. Nee, niet met een s. Dat is hartstikke vout. Ja, "vout" is met een v. Dat wil zeggen: "fout" is met een f, maar "hartstikke vout" is met een v.

Hè Jacqueline?'

NANA

Ik had vannacht een natte droom,
van Nana Mouskouri die zonder schroom
in minirok,
langzaam haar bril uittrok.

Ze keek me daarna glazig aan
en opende haar mond.
Ze zei dat ze mij zonder bril
veel knapper vond.

Liefdesbrieven schreef ik haar,
o zo vele malen.
Ik kreeg er zelfs nog een terug,
ze wou de strafport niet betalen.

Dus tijd nu dat ik nuchter raak,
dat ik uit die droom ontwaak.
Hoor es hoe ik dapper roep:
'Ach, uit die Mouskouri komt ook gewoon poep.'

CONTACTADVERTENTIE

Jongeman, *romantisch type, met 40.000 kilo melkquotum, zoekt kennismaking met meisje met minstens 20.000 kilo melkquotum. Verdere omschrijving van mezelf: voetbalknie, tennisarm, wandelnier, zwemmerseczeem, kortom: sportief type.*

KLESSEBESSEN

Het heeft bij mij nogal wat voeten in de aarde gehad, het vinden van een partner. Ik was zeventien jaar, ik weet het nog goed. Ik hoefde in die tijd maar dít te doen, of ik had een meisje. Het zou nog eens tien jaar duren voor ik dít onder de knie had.

Maar die vele jaren later geschiedde dan toch het wonder. Dromerig als ik was, liep ik weer eens geheel in gedachten verzonken door de stad, toen ik per ongeluk tegen een wildvreemde vrouw opbotste. Tot mijn grote schrik en mijn grote ontsteltenis hoorde ik mezelf in een reflex tegen haar zeggen: 'Neuken?'

Ze kwam vlak voor me staan, ze keek me recht in de ogen en ze zei: 'Ik dacht dat je het nóóit zou vragen!'

Ze zei me dat ze op hanige macho-types viel en zeer onder de indruk was van mijn originele openingszin. Ik dacht: o jee, hoe val ik zo laat mogelijk door de mand? Want ik sprak haar wel zo stoer aan, maar diep in mijn hart vind ik dat, als je elkaar voor het eerst ontmoet en er is bij die ontmoeting sprake van een wederzijdse aantrekkingskracht, dat je dan niet gelijk met elkaar naar bed moet gaan. Je moet wel wachten, vind ik. Dat wachten hoeft ook weer geen uren te duren, maar een minuutje of vijf is toch dacht ik wel op zijn plaats. Maar nee hoor, dat duurde haar veel te lang en zij liep door. Mijn katholieke opvoeding heeft mij geleerd dat seks vóór het huwelijk zonde is. Maar ja, géén seks voor het huwelijk is doodzonde en dus besloot ik haar te volgen. Ik zag hoe zij het bureau voor geslachtsziektebestrijding binnen ging. Oké, het moest dus macho. Ik ontblootte mijn borsthaar, betrad het gebouw voor geslachtsziektebestrijding, ging zo stoer mogelijk naast haar zitten en vroeg: 'Kom je hier vaak?'

Stom natuurlijk, ik realiseerde me even niet dat er bij veel mensen een taboe rust op het bezoeken van een bureau voor geslachtsziektebestrijding. Ik bedoel: als érgens de klandizie druppelsgewijs op gang is gekomen, dan is het wel bij de bureaus voor geslachtsziektebestrijding.

Ze vroeg me waar ik logeerde. Ik logeerde bij tante Toos, maar dat leek me niet echt stoer, dus zei ik maar dat ik in het Amstel Hotel sliep. Even later stapten we gearmd de hal van het Amstel Hotel binnen. 'Let maar niet op de rommel,' zei ik.

'Ik ga even naar het toilet,' zei ze. 'Ik ga naar de Heren,' en ze voegde er een geheimzinnige knipoog aan toe. 'O, dan ga ik wel naar de Dames,' zei ik. 'Eikel!' zei ze. 'Wat vind jij het spannendste plekje om seks te hebben?' De eerlijkheid gebiedt mij te zeggen dat ik na déze opmerking van haar een erectie had van Amsterdam tot Amersfoort.

In Amersfoort stapte ik uit de trein en nam een taxi terug naar mijn hotel in Amsterdam.

'Waar was je al die tijd?' vroeg ze. 'Eh, eerst een hapje eten.' Halverwege de maaltijd zei ze: 'Jij lijkt me het type van de elfstedentochtschaatser.' 'Nou, maar dát heb je goed geraden! Ik weet nog heel goed, de elfstedentocht van '85, dat was me toch een makkie zeg. Laat me niet lachen, de elfstedentocht van '85... Ik schonk mijzelf een kop koffie in, reed de elfstedentocht, nam een slok van mijn koffie: de bek verbrand!'

Ze vroeg of ze mijn kamer mocht zien. 'E-e-eerst een kop koffie.'

'Wat zal het wezen?' vroeg de ober. Mijn oude handicap

kwam weer boven en ik zei: 'Ober, ik wou graag één kop, kop, kop, kop, kop koffie.' De ober wou leuk uit de hoek komen en zei: 'Eén kop koffie???' Ik dacht: allemachtig! 'Eén kop koffie???? Ik dacht toch ober, dat ik het duidelijk vijf keer had gezegd!'

Even later wou de ober het blijkbaar goed maken, want hij vroeg mij of ik iets in het gastenboek wilde schrijven. Nou, iets in het gastenboek schrijven, dat was natuurlijk wederom een moment om indruk te maken. Dus ik dacht: wat zal ik eens in het gastenboek zetten? Het eten was voortreffelijk. Echt, wat het allemaal was weet ik niet, maar het was heerlijk: haute cuisine-liflafjes, prachtig. Maar om er nou in te zetten: 'Nog nooit zo lekker gegeten,' dat leek mij een beetje truttig. Dus ik schreef lekker stoer: 'Ik kan mij zo een twee drie niet herinneren ooit zo'n lekkere bal gehakt te hebben gehad.' 'Ha, ha, ha,' zei de ober, 'wat zijn we weer geestig hè. Het is hier een haute cuisine-restaurant en u zet er neer: 'Nog nooit zo'n lekkere bal gehakt gehad.' Nou, heel hartelijk bedankt hoor!' Ik zei: 'Ach, dat was maar een geintje. Kom maar hier met dat boek. En ik schreef: 'Was maar een geintje. Ik heb ze wel eens lekkerder gehad.'

Ook dat beviel haar wel. Ze wou gelijk na de koffie met mij klessebessen op mijn kamer. Ik zei: 'Ja, ja, klessebessen... neukepeuken* zul je bedoelen. Eerst naar de wc.' 'Alweer?' 'Ja me dunkt, ik heb víjf kop koffie op!' Ik stond op het toilet en dacht: het gaat me veel te snel, het gaat me veel te snel. Ik moet er nog even bij vermelden: de koffie hadden we geserveerd gekregen in servies van Villeroy en Boch. Dat is verdomd chic servies. Dat moet je echt met de pink omhoog gebruiken.

---

* Nieuwe spelling: neukenpeuken

Ik stond daar op het toilet en ik zag dat de wc-pot óók van Villeroy en Boch was! Dus ik daar op dat toilet ook gelijk de pink omhoog, en ik dacht: het gaat me te snel, het gaat me veel te snel. Na het urineren waste ik mijn handen. Ik was altijd mijn handen na het urineren. Hoe komt dan mijn piemel zo vies? Dat komt omdat ik m'n handen pas was ná het urineren.

Ik hield mijn handen onder de droger en ik dacht: het gaat me te snel, het gaat me veel te snel. Ik liep terug naar het restaurant en ik zei: 'Luister es, het gaat me eenvoudigweg veel te snel. Jij komt volgende week bij mij in Almelo en dan gaan we eerst eens een gezellig a-vondje uit.'

Verdomd, een week later stond ze bij mij op de stoep. Ik schrok: 'O god, ben jij het? Je bent gekomen?! O, gottegottegod. Hè? Ja, weet ik wel, maar je bent ook écht gekomen. Nee, sorry, leuk dat je er bent. Ben je gek, hartstikke leuk dat je er bent. Wil je wel eerst even je voeten vegen? En de keuken ook gelijk? Daar staat ook nog een klein afwasje als je het niet erg vindt...'

Ik dacht: nee heb ik, een klap voor m'n kop kan ik krij-gen. Dat vond ze dus niet echt leuk, maar gelukkig had ik wel iets leuks in gedachten voor die avond: samen naar de bioscoop. Halverwege de hoofdfilm vroeg ik haar heel belangstellend: 'Kun je het wel goed zien vanaf jouw plek?' 'Ja hoor,' zei ze, 'ik zie het uitste-kend.' 'Mag ik dan op jouw plek zitten?' Ik dacht: nee heb ik, een klap voor mijn kop kan ik krijgen.

Maar nee hoor, ze wou nog steeds graag bij me blijven. We gingen gelijk na de hoofdfilm naar mijn huis. Het grote wonder drong nu pas in zijn volle glorie tot me door: het was onvermijdelijk geworden.

Wíj zouden samen gezellig KLESSEBESSEN!

DANSLES

Ik ben te passief,
dat is wat mijn vrouw mij verwijt.
Daarom zit ik op dansles,
omdat daar de man steeds leidt.
Na wat startproblemen
gaat het aardig goed
nu mijn vrouw mij aangeeft
hoe ik haar leiden moet.

Het gaat van:
Een, twee, drie,
vier, een, twee,
drie, vier, een,
twee, drie, vier,
een, twee, drie,
vier, zij, sluit,
zij, een, twee,
drie, vier, cha,
cha, cha.

Nu wordt er van mij beweerd
ik tel bij het dansen verkeerd:
Meneer Finkers, ik probeer het nog één keer met u, ja?
Ik tel tot drie. Een, twee...
Ja!
Ik zei: ik tel tot drie!
Tót, of tot en mét drie?
U heeft gelijk, ik tel tot en mét drie. Een, twee, drie!

Het gaat van:
Een, twee, drie,
vier, een, twee,
drie, vier, een,
twee, drie, vier,
een, twee, drie,
vier, zij, sluit,
zij, een, twee,
drie, vier, cha,
cha, cha.

Ik dans nu zelfs Latijns:
'Credo in unum Deum...'
Maar na zo'n uurtje dansles
is het uit met mijn bravoure.
Ik lig languit op de bank
met de beentjes van de vloer.

Het ging van:
Een, twee, drie,
vier, een, twee,
drie, vier, een,
twee, drie, vier,
een, twee, drie,
vier, zij, sluit,
zij, een, twee,
drie, vier, cha,
cha, cha...

tja.

VROUWEN EN MARX

Sorry lezeres. Aan dit verhaal ben ik niet toegekomen. En waarom ben ik er niet aan toegekomen? Ik krijg hoe langer hoe meer post van u. Ik krijg zelfs zó veel post van u, ik kom nergens anders meer aan toe. De hele dag ben ik bezig al die brieven door te nemen. Op een gegeven ogenblik dacht ik: ik ben ook eigenlijk hartstikke gek. Als u mij zo nodig post moet sturen, dan gaat het doornemen daarvan ook maar mooi van uw eigen boekje af. Dus daar gaat ie:

De eerste brief: *Waarde...*
O, dat is mooi. 'Waarde', dat vind ik mooi, een brief die begint met 'Waarde'. Zo'n brief heeft al gelijk mijn hart gestolen.
'Geachte' vind ik namelijk niks en 'Beste' vind ik ook niks. 'Lieve' vind ik weer een beetje klef. Bah, 'Lieve'. Dat hoeft van mij niet. En 'Hoi' vind ik zo plat. Net als 'Hallo'. Wat is dat nou: 'Hallo'? Maar 'Waarde'... Het is een beetje ouderwets, maar ik vind het wel mooi. 'Waarde...'
Het is zelfs zo sterk, dat als ik 's morgens een brief krijg die begint met 'Waarde', gelijk mijn hele dag al goed is. Maar wat zeur ik eigenlijk, het zal u worst wezen, het is alleen maar een persoonlijke tik van mij... 'Waarde...' Ik lees snel verder:
Waarde blanke top der duinen...
?!!
Ik krijg de meest vreemde brieven van u...

Volgende brief. Een berichtje van Amnesty International:

Waarde heer Finkers...

O, een goede dag vandaag!

Het afgelopen jaar is bij de politie in Amsterdam het aantal klachten over geweld afgenomen.

Dat is mooi.

Maar het aantal klachten over discriminatie is toegenomen.

Dat is jammer. Het aantal klachten over geweld is afgenomen, maar het aantal klachten over discriminatie is toegenomen, ja, ik heb 'm. Er werden dus méér kleurlingen mínder geslagen.

AAN DE VLEUGEL

HEBBES!

Dat beest zat me de hele tijd al dwars.
U zult zeggen: 'Waarom leg je hem er dan in?'
Ieder zijn vak, zou ik zo zeggen.

CARRIÈRAS

Zingen is mijn lust en mijn leven. Ik ben natuurlijk geen Fischer Diskau of een Pavarotti... Maar toch ook weer geen Lee Towers. Men noemt mij wel: Placebo Domingo.
U kent dat driemanschap wel: Domingo, Pavarotti en Carreras. Carreras, dames en heren, dat kleine opdondertje, die verdient met één avondje meezingen in zo'n lullig operaatje: TWEEHONDERDDUIZEND GULDEN! Daar moet ik verdorie een hele week voor werken!!!

Maar ik ben niet afgunstig hoor. Ik besef heel goed dat geld alleen niet gelukkig maakt. Daarom heb ik óók een zeiljacht.

GEBREK AAN AANDACHT

Ik zing voor u, lezeres: 'Auf dem Wasser zu singen'.
'Mitten im Schimmer der spiegelnden Wellen, gleitet
wie Schwäne der...'
(Wilfried:) - *Herman...*
- Ja?
- *Sorry, dat ik even stoor.*
- Wat?
- *Sorry, dat ik even stoor.*
- Geeft niks.
- *Dank je.*
- Nee, dat geeft niks. Ben je gek. Als dat niet meer kan,
dan houdt het op. Moet ook gebeuren. Dames en
heren: 'Auf dem Wasser zu singen' van Franz Schubert.
Mag ik een ogenblikje stilte?
- *En ik ook graag.*
- Ook mijn broer wil graag een ogenblikje stilte.
'Mitten im Schimmer der spiegelnden Wellen, gleitet...'

- Ach, mijn broer is omgevallen. Wilt u hem even recht-
op zetten? Nogmaals, ik zing voor u: Auf dem Wasser
zu singen' van Franz Schubert. Mitten im Schimmer
der spiegelnden Wellen, gleitet wie...
- *Herman...*
- Wat nu weer?
- *Herman, ik zal je niet meer storen.*
- Fijn Wilfried, heel fijn. Ik heb sterk het idee dat mijn
broer een ordinair potje aandacht zit te vragen. Nou,
die aandacht krijgt hij mooi niet. 'Mitten im Schimm...'

Wilfried, luister eens. Er is iets wat je dwarszit. Dat voel ik. Ik heb het liefst dat je dat dan ook ronduit zegt. Hier heb je een stuk pagina: steek van wal.

Waarde lezeres. Ik baal er zo langzamerhand goed van dat ik altijd wordt vergeleken met Herman Finkers. En dat ik steeds weer op de tweede plaats kom. Ik bedoel: waar blijf ikzelf?
Ik ben verdorie ook IEMAND:
IK BEN DE BROER VAN HERMAN FINKERS!

Nou, was dat alles? Aan een ieder die dit leest: ik wil voor eens en voor altijd heel duidelijk maken dat het volstrekt onzin is om mij als belangrijker te zien dan mijn broer. En kijkt u eens naar mijn broer.

Is dit niet fantastisch?
Iedereen ziet toch gelijk dat dit een gigantisch talent is?
Op de kleinkunstacademie word je geleerd je een te voelen met het podium.
Nou, dan is dit toch fantastisch?
Dacht u dat het publiek bij hem nog ziet wat de plank is en wat de acteur?

DE POËZIE VAN MIJN BROER

Wanneer je je wat achtergesteld voelt, wanneer je je wat weinig geaccepteerd weet door je omgeving, dan kun je natuurlijk bij de pakken neer gaan zitten. Maar je kunt je gevoelens ook gaan omzetten in poëzie. Men heeft mijn broer meermalen aangeraden bij de pakken neer te gaan zitten; een mening die ik overigens beslist niet deel. Sterker nog, zijn bundel kan wat mij betreft zo voorgedragen worden voor die bekende literatuurprijs... Ach kom, Wilfried, hoe heet die prijs ook al weer?
De eerste prijs.
De eerste prijs...
Het eerste gedicht is getiteld: 'Ik moet poepen.'

Ik moet poepen...

Dan zijn er een paar bladzijden uitgescheurd...

Waarmee we alweer bij het laatste gedicht zijn aangekomen...
En dat gedicht wil in onze herinnering voortleven
onder de titel: 'Tante Sjaan.'

Heden is
geheel belangeloos
van ons heengegaan:
tante Sjaan.

Wij herinneren ons
de vele verhalen
die we van haar horen mochten
en we hopen
dat we de rust hebben gevonden
die we zochten.

DE MORAAL

Wat heb ik u tot nu toe willen duidelijk maken met dit boek? Deze teksten hebben wel degelijk een dieper liggende betekenis. Ik heb u waarachtig wel iets willen meegeven. Wat ik heb willen overbrengen is het volgende: waarom, waarom doen we nog steeds dag in dag uit, sommigen van ons zelfs ook nog eens nacht in nacht uit, dingen die we diep in ons hart helemaal niet nodig vinden? Die we alleen maar doen omdat anderen ons verteld hebben dat we ze moeten doen. Heb eens een keer schijt aan de verplichtingen die anderen je hebben opgelegd, stap uit dat strakke keurslijf waarin ze je hebben geperst, volg je eigen hart, geniet en leef en doe eens eindelijk dát wat je al jaren van plan was te doen!

JOW!!!

Eh, knakker van de zetterij... Ik had het tegen de lezeres; niet tegen u. Het is maar humor, kunt u alle regels weer normaal plaatsen?
Nou zeg, wat heb ik nou aan mijn fiets hangen?

Ja hoor, zeg ik fiets, komt er een plaatje van een fiets...
Hier kan ik met mijn pet niet bij.

Ja hoor, komt er een plaatje van een pet. Sorry lezeres, maar de zetter is een beetje melig geloof ik...

Ha, er zit geen plaatje van een zak meel in z'n compu-ter. Nou heb ik hem...
DE ZETTER IS EEN BEETJE MELIG!
Wat een toestand zeg, Jezus!

Hier zakt mij echt de br... ho!

Ik geef mij over.

WOORD VAN DANK

Dit boekje was er niet geweest zonder de hulp van vele mensen. Deze mensen wil ik graag bedanken. Ik wil bedanken: de zetter(!), de drukker, de tekenares, de corrector, etc. etc. Allemaal heel hartelijk bedankt.

Maar waarde lezeres, er is één man die ik toch wel heel in het bijzonder wil bedanken.
Het is een man die achter de schermen bergen werk verzet. Doch zelf liever niet op de voorgrond wenst te treden. Hij heeft een goed gevoel voor humor, hij is heel plezierig in de omgang, hij is soepel, hij is muzikaal, hij is veelzijdig, hij heeft een goed stel hersens...

en hij voelt haarfijn de finesses van het vak van komiek aan.
Ik bedoel natuurlijk:

WILFRIED FINKERS!

BOEMmmKLETTSKLEDDERBENGGG!!!

Allemachtig, wat een puinhoop.
Kan ik allemaal weer gaan opruimen.
Wat zeg je, Wilfried? Nee, je hoeft niet te helpen oprui-
men. Zoveel tijd hebben we niet.

CURSUS
'OMGAAN MET TELEURSTELLINGEN'

Dit verhaal gaat helaas niet door.

Zo, de helft van het boek zit erop. Ik ga even een bak koffie halen bij meneer Janus.

IN DE KANTINE

- Hallo meneer Janus!
- *Kijk, wie hebben we daar? Zie ik het goed of zie ik het niet goed?*
- Ja, wat is dat nou, zie ik 't goed of zie ik 't niet goed, ik ben geen opticien!
- *Hoe is 't in de Achterhoek?*
- Ik kom uit Twente.
- *Dat vroeg ik niet...!*
- Nee, nee. Ik snap u niet.
- *Je snapt me niet?*
- Nee.
- *Je lijkt niet alleen op je broer maar ook op eh... toe, op eh... op Simply Red.*
- Ik ben toch niet rood?
- *Nee, maar wel simpel. Kom maar mee, dan krijg je een kopje koffie. Hoe gebruik je je koffie?*
- Met een gebakje. Ik vind het hier trouwens warm, maar het kan ook aan mij liggen.
- *Wij vinden het hier allemaal warm, maar het kan ook aan ons liggen. Hier is je kopje koffie!*
- Ha, lekker, kopje koffie.
- *Gebruik je suiker?*
- Nee, ik mag geen suiker van de dokter.
- *O, ogenblikje...*

- Ach, kijk eens wat leuk: een Vincent van Gogh-kopje.

HET LUXORTHEATER

New York heeft de Carnegie Hall,
Parijs heeft het Olympia,
Londen heeft de Albert Hall
en Rotterdam heeft de Euromast.

SOLLICITATIEBRIEVEN

Dan wil ik u nu iets laten lezen uit mijn programma *Geen spatader veranderd*. Met dat programma heb ik ruim twee jaar door het land mogen trekken. Eindelijk vast werk.
Gelukkig kwam u ook steeds keurig op tijd opdraven. Ik hield wel altijd twee sollicitatiebrieven achter de hand, voor als u het zou laten afweten:

Geachte sollicitatiecommissie,

Bij deze reageer ik op uw advertentie waarin u vraagt om obers met ervaring. Ik deel u mede dat ik geen belangstelling heb.

Om er dan gelijk de volgende brief achteraan te sturen:

Mijne heren,

Bij deze solliciteer ik naar de functie van Algeheel Directeur van uw bedrijf.
Naar mijn mening ben ik zeer geschikt voor deze functie en ik verwacht u morgenochtend om tien uur op mijn kantoor.

BENT U GERARD COX?

Ik ben een bekende Nederlander. Jazeker wel! Niet alleen bij u in de buurt, nee tot in Almelo aan toe. En in de Randstad... Om u een indruk te geven: ik was een keer in Den Haag en 's middags liep ik zo'n beetje door het centrum te dwalen. Opeens begon er een wildvreemde vrouw enorm naar mij te zwaaien. Echt, ik had geen idee wie het was. Ze zat in zo'n gouden koets.

Ik zal u nog een voorbeeld geven van hoe bekend ik ben als Nederlander.

Ik zat laatst in de trein en halverwege de reis stapte u in, lezeres. Samen met nog een stel andere vrouwen. U passeerde mijn coupé, wierp met z'n allen een blik naar binnen en nam plaats in de coupé naast mij. De hele groep was erg aan het giebelen over het feit dat er 'een bekende Nederlander' in de trein zat. Uiteindelijk stapte u, lezeres, mijn coupé binnen en vroeg mij zo stoer mogelijk om een handtekening. Eenmaal terug in uw eigen coupé barstte het gegiebel weer los. De man tegenover mij in de coupé zag dit alles zéér bedenkelijk aan en zei: 'Bent u Gerard Cox?'

Ik zei: 'Nee.'

Hij zei: 'Ik wel.'

Zó bekend ben ik als Nederlander. Maar het mooiste was, Cox blééf mij maar aankijken en uiteindelijk zei hij: 'Weet je, je hebt een bekend gezicht.'

Ik zei: 'O, dat weet ik niet.' 'Jawel, je hebt een héél bekend gezicht.' 'Och ja, dat zou kunnen.' 'Man, je hebt een enórm bekend gezicht. Hoe is je naam?' Ik zei: 'Herman Finkers.'

'Toch heb je een bekend gezicht.'

SPORT

Ik zal nog een voorbeeld geven van hoe bekend ik ben als Nederlander. Ik mocht onlangs meedoen met de jaarlijkse sportdag voor artiesten. Nou en dan hoor je erbij, als je mee mag doen met de jaarlijkse sportdag voor artiesten. Zo'n sportdag is een gelegenheid waarbij bekende sportlui sporten tegen artiesten. En ik weet helemaal niks van sport. En mijn broer nóg veel minder. Het eerste onderdeel van die sportdag was hockey, tegen de broer van Youp van 't Hek. 'Elke keer dat ik een doelpunt maak,' riep Tom, 'geef ik een rondje.' Een leuke royale kerel.

Daarna tafeltennis. Míjn broer riep: 'Elke keer dat ik het balletje raak, geef ik een rondje.' De krent.

En toen de Coopertest. Ik wist helemaal niet wat dat was: 'Coopertest'.

Dus ik vroeg aan Tom van 't Hek: 'Wat is dat eigenlijk Tommy: Coopertest?'

'Een Coopertest,' zei hij, 'meet je conditie.' 'Zo, kijk eens aan, waar moet ik mij melden?' 'Bij de fitness.' 'Waar is de fitness?' 'Volg de bordjes maar.' Ik zag een bordje: *Fitness linksaf.* Ik linksaf. Lange gang door, eind van de gang weer linksaf, weer een gang door, hal oversteken, trap op, trap af, draaideur door, gebouw uit, veld over, ander gebouw weer in, trap op, trap af, eind van de gang rechtsaf, tot ik bij een bordje kwam: *Einde fitness.*

Ik weet niks van sport. Ik plofte doodmoe neer op een bankje tussen de Zangeres zonder Naam en een paar spelers van het Ajax-elftal. 'Jij speelt een verrekt leuk potje voetbal!' zeiden de Ajax-spelers tegen mij. Ik zei:

'Goh, dat geeft toch niks, jullie hebben weer andere kwaliteiten.'

Ik weet geloof ik toch nog wel íets van sport...

Het gesprek met de Zangeres zonder Naam ging wat minder plezierig. Ze zei me dat ze zich nogal vaak had gestoord aan grappen van mij over gehandicapten. Ik zei: 'Goh, waarom dan toch?' 'Nou, u maakte een keer een opmerking over Manke Nelis en dat heeft mij nogal gekwetst.' Ik zei: 'O, dat vind ik echt heel vervelend, dat ik u gekwetst heb, maar als ik vragen mag: hoezo heeft zo'n grap ú gekwetst?' En toen zei ze: 'Ik ben namelijk zelf ook mank.' Van die logica hè, begrijp ik nu werkelijk helemaal niets. Nee, het zal wel aan mij liggen, maar ik heb het altijd zó eigenaardig gevonden om je opeens 'gekwetst' te voelen... En het is ook nergens voor nodig, want ik maakte bijvoorbeeld diezelfde dag nog een grap over een rolstoel en met name Koos Alberts moest daar verschrikkelijk hard om lachen. Dus ik zei nog tegen haar: 'Wacht u maar tot u eenmaal in een rolstoel zit, mevrouw Servaes...'

Nee, een leuke ervaring, zo'n sportdag. Het leukste vond ik wel na afloop: met zijn allen onder de douche. Met al die bekende gezichten.

Ik stond pal naast Herman van Veen. Dat vond ik een dubbel gekke ervaring. Ik kende hem alleen maar zónder haar.

STOMAWALS

Ik knipper wel eens met mijn ogen,
krab me wel eens aan mijn kont.
Af en toe ook wil ik pogen
me in de ochtendstond
nog één keer om te draaien
als ik gapend wakker word.
Verder doe ik feitelijk
niet bijzonder veel aan sport.

Ik beweeg me onvoldoende
en eet veel te vet.
Mijn hartkamers klepperen
alleen nog maar met
twee kleppers van kunststof
en al zijn ze dan nep,
'k ben zo blij da'k ze,
'k ben zo blij da'k ze,
'k ben zo blij da'k ze heb.

Ik heb me dan ook een conditie
van heb ik jou daar.
En krijg steeds meer kwaaltjes,
't is vreselijk echt waar.
De laatste tijd heb ik last
dat mijn blaas niet goed sluit.
Als ik moet lachen
dan gier ik het uit.

De uroloog heeft het bekeken
en hij keek niet zo blij:

'Uw blaas is kaduuk,
u krijgt een uitgang opzij.'
'Moet ik dan mijn hele leven
met een stoma?' vroeg ik bang.
'Jawel,' zei de dokter,
'maar dat duurt niet zo lang.'

De een vindt galgenhumor
het leukste dat bestaat:
'Er lopen twee galgen
door de Kalverstraat...'
De ander ben ik
met opzij zo'n ding.
Maar dat geeft niet,
ik huppel, ik dans en ik zing:

'Ik ben blij, zo blij,
dat m'n neus van voren zit
en niet opzij!'

ONDER WATER

- Haal het anker op!
- *Waar ligt ie dan?!*
- Kijk eens in het nachtkastje!
- *Ik zie 'm al! Hij ligt op de bodem!*
- Licht het anker!

DE BUREN TAPPEN ONZE STROOM AF

Mijn vrouw en ik zijn op visite geweest bij de deurwaarder. We dachten: het hoeft niet altijd van één kant te komen.

Is wel een aantal jaren geleden hoor, dat ik dit heb opgeschreven. Ik kan er nu ook wel om lachen, maar het was toentertijd verschrikkelijk. We konden de stroomrekening niet meer betalen. En het stomme was, we hadden geen flauw benul hoe die stroomrekening van ons toch elke maand weer zo belachelijk hoog kon zijn. Tot het mij een keer opviel dat de buren op klaarlichte dag het licht aan hadden. Ik zei tegen m'n vrouw: 'Hier, dat is het.' Ze zei: 'Hoe, dat is het.' 'Dat is het! De buren tappen onze stroom af!' 'Nou,' zei ze, 'is dat niet een wat voorbarige conclusie?' 'Niks voorbarige conclusie, ik weet het honderd procent zeker: de buren tappen onze stroom af.'
Dus ik op hoge poten naar de buren... Ik belde aan: op mijn eigen kosten...! De buurvrouw deed open en ik zei: 'Buurvrouw, ik kom praten over dat aftappen door jullie van onze stroom.' De buurvrouw wist natuurlijk van niks, maar haar man kon elk ogenblik thuiskomen, zei ze, misschien dat die er wat meer van af wist. Dus ik wachtte samen met de buurvrouw de komst van de buurman af. De buurvrouw schonk mij een ongelooflijk smerige bak koffie in, volgens mij opzettelijk, dus toen ze weer even in de keuken was, gooide ik mijn koffie snel in de sanseveria... De buurvrouw kwam terug en vroeg of ik een koekje bij de sanseveria wou. Om kort te gaan: de sfeer tussen de buurvrouw en mij

was om te snijden. Ik dacht: waar blijft die man van haar nou... Ik werd alsmaar chagrijniger en chagrijniger. De kamerdeur ging open en haar dochtertje kwam binnen. 'Hallo buurman! Buurman, ik heb vandaag mijn zwemdiploma gehaald!' 'Zo... Heb jij vandaag je zwemdiploma gehaald?' 'Ja, buurman.' 'Dus, als ik jou in het kanaal gooi, dan zwem jij zo weer naar de kant?' 'Ja, buurman.' 'Tja, dan heeft het weinig zin om jou in het kanaal te gooien...' O, ik was enórm chagrijnig. Enorm. 'Jullie hebben geen kinderen, hè?' zei de buurvrouw. 'Nee, buurvrouw, we hebben geen kinderen. We hebben een glazenwasser.'

'Een wat?' 'Een glazenwasser.' 'Een glazenwasser?' 'Ja, een glazenwasser. O, we zijn er wel zo gek mee, met onze glazenwasser! Echt, als we van te voren hadden geweten hoe leuk het was, dan waren we er al veel eerder aan begonnen. Het is zo'n leuk kereltje. Al moeten we er soms wel heel vroeg uit voor hem... Vanmorgen bijvoorbeeld meldde hij zich al om half zeven.'

'Oe, dat lijkt me wel een opoffering.' 'Ja, dat is het ook wel, maar je krijgt er veel voor terug. Hebben jullie geen glazenwasser?' 'Nee.'

'Nee? O... Sorry. Hebben jullie bewust gekozen voor geen glazenwasser of kunnen jullie geen glazenwasser krijgen?'

'Och, we stellen het nog even uit. En bovendien: als ik zie hoe vroeg júllie eruit moeten voor zo'n glazenwasser en als ik dat ook zie bij andere mensen met een glazenwasser, dan weet ik niet of wij dát er wel voor over hebben.'

'Ja, maar gelooft u mij buurvrouw: een glazenwasser van jezelf is heel anders dan een glazenwasser van een ander..!'

Om kort te gaan, het werd opeens hartstikke gezellig tussen de buurvrouw en mij. Helaas werd die gezelligheid verstoord door een auto die het grindpad kwam oprijden. 'O god,' riep de buurvrouw, 'mijn man komt eraan!' Dus ik trok snel al mijn kleren uit en verstopte mij in de kast.

De buurman kwam binnen, zag mijn kleren voor de kast liggen, deed de kastdeur open en ik zei: 'Goh, buurman... ik hier? Dat is me ook wat zeg! Het zal je maar gebeuren!' Ik stapte piemelnaakt de kast uit en ik zei: 'Buurman, ik kwam even praten over onze stroomrekeningen.'

Het onderwerp was al volkomen onbespreekbaar geworden. Sterker nog: de buren en wij, het was een volstrekt onhoudbare situatie. Een oplossing zou zijn: verhuizen. Maar daar hadden we het geld niet meer voor. Een betere oplossing zou zijn dat de buren gingen verhuizen, of nóg mooier: emigreren. Amerika, dat was het beste geweest. Dat is een mooi land, Amerika. Daar hebben ze de doodstraf. En dat doen ze met stroom... Jazeker, dat doen ze met stroom. En ze hebben er ook nog eens verschillende methodes voor uitgedokterd om iemand elektrisch om zeep te helpen. Zo hebben ze in Amerika de elektrische deken... dan laten ze je inslapen. Maar het meest gek zijn ze daar met de elektrische stoel. Onlangs nog werd er iemand veroordeeld tot een klap van 50.000 Volt, waarvan 12.000 voorwaardelijk. Dat zal me een beste stroomrekening geweest zijn.

Maar de buren waren niet weg te branden en toen hebben we maar van ons allerlaatste geld een staatslot gekocht. De hoofdprijs was 500.000 gulden en we dachten: daar heb je wel een ander huisje voor. Ik weet het nog goed: we hadden nummer 339777. Ik dacht:

stel je toch eens voor dat dit de hoofdprijs is: 339777. Dan heb ik al een leuk oud boerderijtje op het oog. En dan begin ik volgende week al met verbouwen: drie hectare maïs.

Ik zette de televisie aan voor de uitslag:

- *De hoofdprijs van 500.000 gulden is gevallen op lotnummer: Drie...*
- Zo, de eerste is goed. Prima!
- *Drie...*
- De tweede is ook goed! Heel mooi, dan nu de negen...
- *Negen...*
- Fantastisch!!! Nu de zeven...
- *Drie...*
- Ah, shit!

Gedesillusioneerd scheurde ik het lot doormidden...

- *... maal zeven!*

WILLEM WEVER

In Almelo zijn twee treinen op elkaar gebotst. Twee mensen overleden onmiddellijk. Drie na enig aandringen.

Het weer.
Er waait een zachte zuid-oostelijke wind en met 22 graden wordt het een aangename dag. Met 36 graden wordt het een hete dag en met 2 graden wordt het een frisse dag. Verder verwacht het KNMI gladheid in het hele land met uitzondering van de Antillen.

Zo dadelijk kunt u luisteren naar: Wie weet waar Willem Wever woont, *waarin ingegaan wordt op een vraag van een luisteraar uit Bennekom, die graag wil weten of trouwen met de handschoen 's winters vaker voorkomt dan 's zomers.*

HOTEL

Om toch te kunnen verhuizen, hebben mijn vrouw en ik een baantje gezocht bij Van der Valk. Als ober zonder ervaring. We werden onmiddellijk aangenomen omdat we geen papieren hadden. Wat is er? Ja lezeres, u hebt gelijk; dat was vroeger zo. Vandaag de dag gaat dat anders bij Van der Valk. Ik vind het wel jammer hoor, dat ze Van der Valk zo aangepakt hebben. Zo'n bedrijf geeft toch werkgelegenheid en als je ze zo streng aanpakt, is er niemand bij gebaat. Laatst las ik nog in de krant: '100 man ontslagen bij Van der Valk'. Dat is toch sneu. Gelukkig had het voor de betrokkenen nauwelijks financiële consequenties: iedereen behield zijn uitkering...

Maar het idee is niet zo leuk natuurlijk. Van de uitkering die mijn vrouw en ik bij Van der Valk verdienden, huurden wij bij datzelfde Van der Valk een kamer. Ver weg van onze buren. Op een avond had ik late dienst en na het werk vroeg ik doodmoe aan de balie van de receptie om de sleutel van onze kamer. 'Wat is uw kamernummer?'

'Ja, wat een rotvraag... 213? Nee, 213 niet, het was er naast...

'Dan wordt het 211.'

'Weet u het zeker?'

'Ik weet het zeker; wij hebben kamer 211.' Dus ik met sleutel 211 naar boven. Ik opende de kamerdeur en ik bevond me in een pikdonkere kamer. Het enige dat zichtbaar was, was een lichtgevende schakelaar. Ik drukte op die schakelaar en toen ging ook die schakelaar uit. Dan maar in het donker. Ik kleedde me in het donker uit, stapte in bed en voelde een warm, zacht lichaam over me heen glijden. Een vrouwenstem zei: 'Schat, ben jij het?' Ik zei: 'Ja, en wie ben jij?' Het licht werd aangeknipt en ik keek recht in het verschrikte gezicht van onze buurvrouw! Ik zei: 'Goh buurvrouw! Ik hier?! Dat is me ook wat. Het zal je maar gebeuren. En wat is dat nou toch, buurvrouw? Ligt u hier hele-maal in het donker? Dat is niks voor u! Eén zo'n zui-nig schakelaartje... Alles is toch wel in orde hoop ik?' De kamerdeur ging open. 'O god,' zei de buurvrouw, 'mijn man komt eraan.' Ik zei: 'Daar trap ik niet weer in.' De buurvrouw dook onder het bed. Haar man kwam binnen, zag mij in bed liggen en zei: 'Goh buur-man! Ik hier? Dat is me ook wat, het zal je maar gebeu-ren. Ik geloof dat ik me een kamerdeur heb vergist.' 'Geeft niks, buurman. Dat is mij ook wel eens overko-men.' De buurman nam afscheid en ging naar kamer 213. Ik kleedde mij aan, nam afscheid van de buurvrouw en ging eveneens naar kamer 213. Ik opende de kamerdeur en ik bevond mij in een pikdonkere kamer. Ik knipte het licht aan en zag mijn vrouw in bed liggen met de buurman! M'n vrouw keek mij met verschrikte ogen aan.

Ik zei: 'Rustig maar. Ik kan alles uitleggen.'

OBER MET DAME

- 'Buurman; het moet maar eens afgelopen zijn ons ervan te beschuldigen stroom van jullie te hebben afgetapt. Helemaal ongehoord was het mijn man en mij uit te maken voor een stelletje...'
Hoe schrijf je nou toch: 'Geitentestikels'?

- Kopje koffie mevrouw?
- *Een halfje.*

- ... een halfje.

- Gebruikt mevrouw suiker en melk?
- *Een wolkje.*
- Een wolkje...
- *En een beetje melk.*
- En een beetje melk... Kijkt u eens, hier is de kaart. Verder hebben we om zeven uur een warm buffet. Om half acht hebben we een lauw buffet. En om acht uur hebben we een koud buffet.
- *Ik voel wel voor het warm buffet, ober.*
- Wenst mevrouw soep vooraf?
- *Graag.*
- Tomatensoep of groentesoep?
- *Wat heeft u?*
- Aardappelsoep.
- *Doet u dan maar aardappelsoep.*
- Eén aardappelsoep. Blieft mevrouw een kuiltje jus in haar soep?
- *Graag.*
- Anders nog iets?
- *Een babi pangang.*
- Mevrouw, we hebben hier een Franse keuken!
- *Oké. Donnez-moi une babi pangang s'il vous plaît.*

- Voilà. Papa fume une pipe. Alors, une babi pangang pour madame...

- *Ach ober! Ober, hoe schrijf je: 'geitentestikels'?*
- Kijkt u maar op de menu-kaart, mevrouw.

AUSTRALISCH BIER

- Wat is dit, ober?
- Australisch bier.
- *Australisch bier?*

- Ja, kijkt u maar.

MAN MET VLIEG

DE AARDE IS ROND

In Sydney is een restaurant dat zich bevindt op de allerhoogste verdieping van een wolkenkrabber. En ik zat in
dat restaurant in Sydney, op die allerhoogste verdieping
van die wolkenkrabber, aan een tafeltje bij het raam.
Vanaf mijn tafeltje had ik uitzicht op het operagebouw.
Even later had ik uitzicht op de haven... Nóg weer later
had ik uitzicht op het park. Ja, en dan ga ik nadenken
hè.
Ik dacht: dit kan twee dingen betekenen. Of het restaurant draait... óf de aarde draait. Een van de twee.
Volgens een foldertje dat op m'n tafeltje lag, draaide het
restaurant. Maar dat klopt niet met Galileï. Want volgens Galileï draait de aarde. Niet het restaurant.
'Nee,' zei Galileï, 'de áárde draait, want,' zei hij, 'de
aarde is rond.' O, daar was hij van overtuigd. Kijk, de
tijdgenoten van Galileï dachten dat de aarde plat was.
Maar dat is niet zo. De aarde is rond. Net als een pannekoek. En die draai je ook om. Misschien draaiden ze
ook wel allebei, de aarde én het restaurant. Maar ja, dat
zou dan weer niet kloppen met die pannekoek, want
dan heb je de pan omgekeerd op het pitje liggen.

Daar kan ik nachten van wakker liggen, van zoiets stoms. Ik kan daar weken over doorprakkiseren en dat moet je niet doen, want je komt er nooit uit. Want als ik één ding heb ontdekt in dit leven, dan is het wel dit: als je heel diep over iets nadenkt, dan kom je altijd uit op iets dat niet klopt. Probeer maar eens: klopt altijd. Als je heel diep over iets nadenkt, dan kom je altijd op een tegenstrijdigheid uit. En de wetenschap kan die tegenstrijdigheid van het bestaan ook niet verklaren hoor. Wat stelt dat nou eigenlijk voor: wetenschap? Stoerdoenerij... Volgens de wetenschap stijgt de zeespiegel, met tien centimeter per eeuw. Ik heb het voor de aardigheid eens nagemeten; ik kwam al op een stijging van anderhalve meter in zes uur.

En neem natuurkunde, ook zoiets fraais: ijzer zet uit bij warmte en krimpt bij kou. Nou, treinrails zijn van ijzer. Dus 's zomers zijn de trainrails langer dan 's winters. Dus 's zomers duurt een ritje Almelo-Amsterdam langer dan 's winters en toch klopt dat van geen kant.

Dat komt doordat ik er te diep over nadenk hè. En nogmaals, dat moet je niet doen. Want als je te diep over iets nadenkt, dan kom je altijd uit op iets dat niet klopt. Je moet gewoon niet te diep nadenken en dan klopt alles. Ik zei dit laatst ook tegen mijn broer en hij zei: 'Dat klopt.'

Dus wat wil je nog meer aan bewijs?

Het leven is één groot mysterie, één grote onverklaarbare tegenstrijdigheid. En ja, het zit nu eenmaal in ons mensen ingebakken dat wij dat niet zo goed kunnen hebben. We kunnen er niet zo goed tegen dat iets tegenstrijdig is. En dat vind ik nu weer het mooie van humor, want wat doet humor? Humor pakt júist twee tegenstrijdige zaken, koppelt júist die twee flink haaks op elkaar staande dingen aan elkaar middels een grapje, je moet lachen want de tegenstrijdigheid is even opgelost, klaar. Rest van de dag vrij. Dus: wat de wetenschap in eeuwen nog niet is gelukt, dat lukt de humor in een paar tellen. Dus: de waarheid zit in humor. Niet in het serieuze. Dit meen ik niet serieus. Dat was maar een grapje!

Want anders zou het niet waar zijn.

Als ik zeg dat waarheid zit in het niet-serieuze, dan is dat alleen maar waar, als ik het niet meen. Maar wél waar.

U moet dit niet al te serieus nemen hoor, wat ik hier nu allemaal beweer. Alstublieft niet. Want ik meen het wel degelijk.

Ik kan mezelf niet meer volgen nu. Hij die het snappe, snappe het, maar ik snap er niets meer van. Ook de gewone alledaagse verschijnselen snap ik al niet. Neem nu het verschijnsel van de file. Tja, wat men er aan vindt... Van mij mogen ze het afschaffen, maar ze staan er voor in de rij!

En waarvoor staan ze allemaal in de rij? Voor zoiets doms als de Velsertunnel, of een knooppunt. En waarvan ik helemaal niet snap dat men dáárvoor in de rij gaat staan, dat is het drielandenpunt. Zo, wat een attractie zeg, een drielandenpunt! Ik was tien jaar oud, toen moesten we met ons hele gezin, vanuit Almelo... en dat is een bést end, helemaal met de trein en toen nog eens met de bus en toen nog eens overstappen op een andere bus, en toen nog eens een heel eind lopen, helemaal naar Zuid-Limburg om daar helemaal onderin daar, helemaal bij die punt daar, het kón ook niet verder, om daar bij dat Vaals HET DRIELANDENPUNT te gaan bekijken. En drúk dat het er was lezeres! Druk!! Bussen vol! Ik snap d'r helemaal niets van. Ik vind Limburg een heerlijke provincie, maar dat drielandenpunt... Het is wel aardig dat er een plek is waar drie landen bij elkaar komen, maar om er nou een púnt van te maken...

En nu praat ik alleen nog maar over iets onbenulligs. Maar neem de ernstige zaken van het leven; daar begrijp je ook helemaal niets van. Neem maar gelijk het meest ernstige dat we kennen. Neem: de dood. De één overlijdt als hij twaalf jaar oud is, de ander als hij 95 jaar oud is. Dat is ook niet eerlijk. Stel: je overlijdt op je vijftigste. Dat is veel te vroeg. Maar van de andere kant: wat noem je vijftig en vroeg? Neem John Lennon, die was nog maar veertig en toen schóten ze hem dood. Dan denk je toch helemaal, wat heeft dát nou voor zin? Het zál ongetwijfeld zin hebben, wánt het gebeurt, maar ik kan die zin dus niet zien. Ik denk alleen maar: wat moet je ermee? Je kunt er niks mee, maar het is wel een feit en zo zit het leven vol met zulke dingen...

Maar wat noem je veertig en vroeg? Neem Mozart en Schubert. Die zaten ook in de muziek... Die hadden ook nog wel een paar leuke deuntjes kunnen schrijven, maar niks daarvan: begin dértig moesten die al dood. Dan denk je toch ook: waarom moesten die nu begin dertig al dood? Wat moet je met zoiets? Maar het is wel een feit en zo zit het leven vol met zulke dingen...

Maar ja, wat noem je dertig en vroeg? Neem een neefje van mij: Jeroen Finkers. Jeroen zou op het moment dat ik dit schrijf precies twintig geworden zijn... Ja, twintig al weer. Als hij niet in 1995 maar in 1977 was geboren.

Ook weer zoiets waarvan je zegt: tja, wat moet je ermee? Ik weet het ook niet, je kunt er niets mee, maar het is wel een feit en zo zit het leven vol met zulke dingen. Lieve lezeres.

Vorige week heb ik nog een goede vriend van mij naar het kerkhof gebracht... Zijn buurman was overleden. Wat moet je ermee hè? Maar het is wél een feit.

Ik zat laatst op de fiets. En al fietsende raakte ik aan de praat met de man tegenover mij. En nu komt het rare: die man zei mij dat het leven zo tegenstrijdig op ons overkomt omdat wij ervan uitgaan dat er maar één werkelijkheid is. En dat is dus de fout, want je hebt meerdere werkelijkheden. Achter deze aardse, alledaagse schijnwerkelijkheid ligt nog een veel diepere werkelijkheid. En de man gaf me een zogeheten 'new-age' boekje mee. Het was een prachtig boekje, ik heb het in één adem uitgelezen. Het mooie van dat boekje was: op de linkerpagina stond telkens een zeer diepzinnige, esoterische spreuk. 'Esoterisch' wil zeggen dat je er in eerste instantie geen chocola van kunt maken, maar dat komt omdat het betrekking heeft op die andere werkelijkheid die wij niet kennen. Maar gelukkig stond op de rechterpagina diezelfde wijsheid vertaald, naar onze aardse tijdelijke begrippenwereld toe. En dan krijg je de mooiste dingen. Zo stond op de linkerpagina bijvoorbeeld:

Ik loop
op de wolken
en voel
als een vogel
de zon.

Vertaald wordt dat: *Geniet, maar drink met mate.*

Geniet, maar drink met mate... Alcohol is ook weer zo'n probleem waar je niet uitkomt. Is alcohol nou goed of slecht voor de bevolking? Weliswaar sterven er jaarlijks duizend mensen aan de gevolgen van alcohol, maar aan de andere kant komen er ook weer tweeduizend mensen bíj als gevolg van de alcohol. Dus daar kom je ook niet uit.

Dat wil zeggen: IK kom daar wel uit, maar HERMAN FINKERS komt daar niet uit. Want dat is ook weer zoiets moois: naast die twee werkelijkheden heb je ook twee IKKEN. Je hebt je eigen aardse tijdelijke schijn-IK: in mijn geval dus: HERMAN FINKERS, en je hebt nog een heel andere IK. En die twee IKKEN hebben weinig met elkaar te maken. Seksualiteit bijvoorbeeld heeft alles te maken met je aardse, tijdelijke schijn-IK. Bij het klaarkomen, om maar wat te noemen, kom IK niet klaar, maar komt HERMAN FINKERS klaar.

Want afgelopen nacht dacht ik nog: ik wou dat ík Herman Finkers was!

VERDOEMD

Ik ben erg bezig met het nadenken over de zin van het leven: de werkelijkheid, de schijnwerkelijkheid en de diepere werkelijkheid weer achter die schijnwerkelijkheid, kortom, ik ben erg bezig met religie. Ik ben actief in de rooms-katholieke kerk; ik ben lid van de 1 april-beweging. Of 5 december... Ik kan de datum maar niet onthouden. En in opdracht van onze beweging heb ik moderne roomse kerkliedjes, die zo aan het eind van de jaren '60, begin jaren '70 zijn ontstaan, nog verder 'ge-updated' en aangepast aan de strenge eisen van deze vlotte tijd. Het heeft lang geduurd voor men tevreden was over wat ik afleverde. Mijn eerste probeersels vond men niet gewoon genoeg. Het moest veel menselijker en simpeler en alledaagser. Niet zo verheven. Dus ik maar schrappen en schrappen en uiteindelijk kwam ik zelfs uit op:

Wij zijn verdoemd door onze zonden
toch zijn we blij met elkaar.
Want voor die zonden stierf Here Jezus
en alle kleine beetjes helpen, nietwaar?

Kortom, ik heb het nu over:

HET MODERNE KERKLIED

Mijn vader was al jaren
niet meer naar de kerk gegaan.
Hij wist nauwelijks het verschil meer
tussen paus en kapelaan.
't *Stabat Mater Dolorosa*
had hij zolang niet gehad
en *Dies Irae Lacrimosa*
zong hij enkel nog in bad.

Dus ging mijn vader fijn weer
op een ochtend naar de mis.
En daar klonken nieuwe liederen
zo jeugdig en zo fris:
Rondom het altaar dansen we blij,
te gek joh, Jezus leeft.
Ik hou van jou, ja net zoals Hij
ook van mij gehouden heeft.

Ja, we zingen en we springen en we zijn zo blij...
falderiere, falderei.

Pak de hand maar van die ander,
kom erbij en zeg maar 'Ja.'
Want jij mag er zijn van Jezus,
wees lief, Hallelujah.
Lief zijn voor Hem en zacht zijn voor haar,
ook Hij was zacht, echt waar.
Dus knuffel de vrede naar elkaar,
'Kerk-zijn' is een streelgebaar.

En Hij stierf op Golgotha
falderiere faldera.

Als compleet veranderd vader
kwam m'n pa de kerk weer uit.
Thuisgekomen smeet hij het bankstel
met een rotklap door de ruit.
Hij riep naar de buurvrouw: 'Prostituee,'
greep de jeneverfles,
zocht een karatefilm op tv,
wierp naar de kat een keukenmes.
Hij vloekte zijn kinderen naar moeder d'r rok.
Daar hoorden wij verweesd:
'Kinderen hoedt u, weest toch bevreesd:
vader is weer naar de kerk geweest.'

(bewerking: Willem Wilmink)

FILM

Ergens wel jammer dat dit een boekje is, lezeres. Was dit een film geweest, dan had ik u heel duidelijk het verschil tussen werkelijkheid en schijnwerkelijkheid kunnen uitleggen. Film is uiteindelijk schijnwerkelijkheid bij uitstek. En ik héb ooit een mooie film gemaakt. Of *film*, meer een *filmpje* hoor, ik zal er zeker geen Oscar voor krijgen. *Oscar* is een term uit de wereld van de filmindustrie. Andere bekende termen uit de filmindustrie zijn: *medium shot, script editor, floor manager* en *trut-doe-niet-zo-moeilijk-trek-toch-gewoon-die-broek-uit*.

Overigens werd bij de laatste Oscar-uitreiking één onbekende actrice ervan verdacht de juryprijs in de wacht te hebben gesleept door met de voltallige jury naar bed te gaan. Nóg meer kritiek was er geweest op Pamela Anderson, die de publieksprijs in de wacht sleepte.

U zult het in dit boekje natuurlijk ook moeten stellen zonder soundtrack, wat heel jammer is, want ik heb bij die film extra mijn best gedaan op de muziek. Filmmuziek wordt vaak zwaar onderschat, vind ik. Neem de film *Amadeus*. Een heerlijke film die in alle categorieën een Oscar in de wacht sleepte, behalve in de categorie muziek; een jammerlijk voorbeeld van een misser in de keuze van de componist. Maar het is niet anders.

Ik zal toch proberen u mijn speelfilm te laten zien.

Kijk, dit is 'm.

Ja, u lacht, maar wanneer je het hebt over 'het laten zien van je speelfilm' dan is dít wel mooi de kale werkelijkheid. En dat waar we allemaal zo ontroerd door raken en waar we ingewikkeld over doen, is eigenlijk alleen maar schijnwerkelijkheid.

Voor die schijnwerkelijkheid heb je een scherm nodig en een projector. Wilfried, gooi dit eens even op de projector als je wilt. De projector, dat is wel interessant, staat in dit geval áchter het doek. Het is een doorzichtscherm en van achteren wordt er dus tegen het doek geschenen. Hoe is het mogelijk, hè? Loopt de film al? O ja? Nou, het scherm is nog steeds hartstikke donker. Dan zal ik toch moeten bijlichten.

Zie, ik heb een te klein diafragma gebruikt. Da's jammer. Deze film heb ik opgenomen in mijn garage, dit zijn mijn garagedeuren. Niet in werkelijkheid natuurlijk, dat begrijpt u ook wel. Als dit in wérkelijkheid mijn garagedeuren zouden zijn, dan zou mijn auto hier achter die deuren moeten staan. Maar ja, we zitten nu in de schijnwerkelijkheid. Maakt niet uit, we kunnen ook wel een ritje door de schijnwerkelijkheid gaan maken. Dan wordt het allemaal wat aanschouwelijker voor u. Ik haal even mijn auto op.

Zo!

Het beeld is nog steeds hartstikke donker...

Laat ik de koplampen aandoen,
misschien dat dat helpt.

Zo. Grappig hè?
De koplampen zijn de werke-
lijkheid en dat wat door de koplampen beschenen
wordt is de schijnwerkelijkheid. En dat haal ik allemaal
door elkaar!

Ik zal de garagedeuren
opendoen. Als het goed is,
ziet u dan de oprit en de
straat waar ik woon.

O kijk, hier staat
die projector.
Ziet u wel?

Van achteren wordt er dus op
het doek geprojecteerd.
Hoe is het mogelijk, hè?

Dan rijd ik nu vooruit de
schijnwerkelijkheid in.

O sorry!

Sorry Wilfried. Ik heb de projector omgereden. Neem me niet kwalijk, zet 'm maar weer overeind.

Dank je. Maar nu weet ik niet meer waar ik ben. Ik heb een flinke hiaat in mijn geheugen. Kijk, een motorrijder. Zo'n iemand weet de weg wel. Mooie motor trouwens. Daar houd ik van: veel achterlichten. Ik zal eens vragen welke kant ik op moet.

O, ik ben er al!

Ach kijk nou toch: één lullig achterlichtje doet het niet. Agent Bromsnor heeft het gevonden hoor. Hallo motorrijder! Lullig hoor, van die bekeuring. Maar weet u misschien welke kant ik op moet? *Jazeker wel!*
Wacht, ik zal het even voor je opschrijven. Hoe weet zo'n man dat hè, waar ik naar toe moet... Ach, nee hè! Een parkeermeter bij een benzinepomp, dat hou je toch niet voor mogelijk?! Hoe kom ik zo gauw aan een gulden?

Zo, Bromsnor ook weer tevreden. En nu verder.

We hebben een routebeschrijving: *Na het bord 'U rijdt te snel': rechtsaf en dan alsmaar rechtdoor, dwars door Madurodam.* Madurodam? Dit is Madurodam! Ongelooflijk hoe de schijnwerkelijkheid de werkelijkheid kan uitvergroten! Ik hoop wel dat die routebeschrijving een beetje klopt, want met mensen de weg vragen heb ik heel slechte ervaringen. Ik had een keer een stotterende Chinees naast me in de auto. Die Chinees zou me de weg wel wijzen: 'We moeten hier l-

l-l-l, we moeten hier l-l-l-l,' dus ik linksaf. Hij zei: 'Lechtsaf!' Kijk, dan kom je er niet hè.

...?

Ik kan niet tegen idioot rijge-
drag. Ik hou van hoffelijkheid.

Steekt u maar over. Nee, heel
vriendelijk van u, maar dat is
echt niet nodig. Steekt u maar
over. Nou verdorie, steek nou
toch over man!

Ach, iets te hoffelijk ge-
weest.
Daar ben ik mooi klaar mee.
Nu moet ik omrijden.
Linksaf dan maar.

Wéér wegwerkers! Door de
berm kan ook niet. *Zachte
berm*. Zachte berm?

Ja, dat klopt. Wat moet je
ermee hè? Je kunt er niets
mee, maar het is wel een
feit. En zo zit het leven vól
met dit soort dingen. Dan
maar rechtsaf.

Een ogenblikje geduld, lezeres.

Ho! Wat is dit nu weer?!
Moment, stukje vooruit.

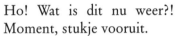

Barst!
Daar ben ik mooi klaar mee.
Goh, trein! Ik hier?!

113

HET JAGERSLIED

Hallo, ik ben een jager,
ik jaag van vroeg tot laat.
Leen mij uw oor,
dan zing ik hoe dat gaat:
halihalohalohadelie.
Ik jaag me uit de naad.

De jacht is gezond voor
het wild, eerlijk waar.
Een jager schiet graag
een ziekelijk exemplaar.
Zo zag ik zojuist
een wildfazant met één
gebroken drumstick
hinken in het veen.

Halihalohalohadelie.
Hallo, ik ben een jager,
een jager ben ik graag.
Halihalohadelie.

Als macrobioot zwoer ik
ooit eeuwig trouw
aan een veel te zwaar
onopgemaakte vrouw.
Dat bleek een vergis,
ons huwelijk liep mis
en nou vreet ik vlees
alsof het muesli is.

De jacht: het legt zo mooi
je oerinstincten bloot.
Ik zag laatst een kwartel
en dacht: die krijg ik dood.
Dus ik schoot op dat beest,
de kogel ging luid
het ene oor in
en het andere oor weer uit.

Net of door 't lawaai
van mijn dubbelloopskanon
de kogel de slaap
niet goed vatten kon.
Nu heb ik van het jagen
alles wel verteld.
Eén belangrijk ding nog
heb ik niet gemeld:

Men praat over jagers
onnodig negatief,
want een jager jaagt
uitsluitend selectief:
is zo'n beest algemeen dan wordt er
heel wat afgeslacht,
maar zijn er van dat soort maar acht,
dan schiet ik er maar acht.

Het was drie november:
de Hubertus-jacht!
Zo rond het middaguur,
het angelus klepte zacht.
Ik richtte op een hert
toen míjn hart getroffen werd

door dat kruis tussen 't gewei
en een engel die mij zei:

'Dominus vobiscum, jager.'

Een jager blijft een jager.
Hollahielaho!

INGEZONDEN BRIEF

...n spervuu...
...a. met een sprookjesva...
... maar ook daar is hij toch
steeds weer de verteller met de
rare zinswendingen en de onver-
wachte grollen.

Zou broer Wilfried niet eens op
een andere manier in de show
kunnen worden betrokken dan
als de schlemiel die we al van
vroeger kenden? Een aanzet tot
een nieuw soort aanpak meende
ik ook te zien in de blabla-taal
van de autoverkoper, een heel
herkenbare figuur. Als Flinkers
er in zou slagen zo'n soort type
verder uit te werken en er dan
ook nog een plot in te bouwen,
dan zou hij minder kans lopen op
toekomstige verstarring.

FRANS NIEUWENHUIJZE

Meppeler Courant,
24 september 1993

Schlemiel

Naar aanleiding van de voorstelling 'Dat heeft zo'n jongen toch
niet nodig' van Herman Finkers
en ondergetekende, verscheen
vrijdag jl. in uw Meppeler Courant een recensie. Hoewel het
niet mijn gewoonte is te reageren
op recensies, wil ik u toch de volgende correctie doen toekomen.
In zijn bespreking schrijft dhr.
Nieuwenhuyze dat ik een schlemiel ben. Bij deze moet ik dat ten
stelligste ontkennen.

Ik weet dat dhr. Nieuwenhuyze geen gelijk heeft omdat mijn
moeder de recensie ook gelezen
heeft en onmiddellijk zei dat ik
beslist geen schlemiel ben. Ze
was zelfs zo verontwaardigd dat
ze mij opdracht gaf een ingezonden brief te plaatsen. Deed ik dat
niet dan kwam ik er voorlopig bij
haar niet meer in. Ook mijn broer
zegt dat ik geen schlemiel ben.
Dus als u deze ingezonden brief
zoudt willen plaatsen in uw courant dan doet u mij daar volgens
mijn moeder en mijn broer een
groot plezier mee.

Wilfried Finkers
Almelo

Schade — Een 24-jarige inwo-
Giethoorn deed aangif...

Meppeler Courant,
27 september 1993

Onderschat u m'n broer niet, lezeres. Hij heeft een rol aangeboden gekregen in een echte speelfilm! Hij speelt in die film de rol van zwerver. Omdat die zwerver er zo echt mogelijk uit moest zien, zei men tegen mijn broer: 'Wilfried, op de dag van de opname mag jij je precies één hele week lang niet hebben gedoucht.' Mijn moeder vroeg nog aan hem: 'Goh Wilfried, moet je nog iets speciaals doen of laten voor die film?' 'Ja,' zei hij, 'één week voor de opname moet ik onder de douche.'

HET SPREUKJESBOS

De zon kwam op en de aarde draaide zich nog eens lekker om. Het was ochtend in Het Grote Spreukjesbos. Een spreukjesbos is een bos dat vol zit met spreukjes. Zoals: bomen, waardoor men het bos niet meer ziet, onkruid dat maar niet vergaat, vogeltjes die zingen zoals ze gebekt zijn... en één zwaluw.

U begrijpt wel dat in een spreukjesbos de ochtendstond goud in de mond heeft. En Hans en Grietje waren dan ook al vroeg uit de veren. Hans zei: 'Grietje, zal ik met dit mooie weer mijn korte rokje aantrekken?' ...Sorry: 'Hans,' zei Grietje, 'zal ik met dit mooie weer mijn korte rokje aantrekken?' Taalwetenschappelijk gezien luistert de plaatsing van leestekens akelig nauw, want één verkeerde komma of letter maakt van Jezus nog een ketter. Zoals ze dat zo mooi kunnen zeggen, in een spreukjesbos. 'Doe niet zo gek, Grietje,' zei Hans, 'een rokje... Je bent toch mijn broertje en niet mijn zusje?' Ja, dat was waar. Hans en Grietje waren broertjes van elkaar. Jazeker, ze waren broertjes van elkaar: Hans en Grietje Titulaer.

'En bovendien, Grietje,' zei Hans, 'houdt dat mooie weer geen stand. Alle weeranalyses wijzen op onweer in de middag. Dus is het zaak dat we zo snel mogelijk aan de slag gaan met ons veldonderzoek.' Twee zielen, één gedachte, en daar gingen ze. Nieuwsgierig als ze waren, namen de jonge wetenschappers alles van het spreukjesbos goed in zich op en maakten overal notities van. Zo was midden in het spreukjesbos een boer oude koeien uit de sloot aan het halen. Dat deed hij in een willekeurige volgorde zagen zij: Klara een, Klara twee, Klara drie en Klara vier. Puinhoop! Grietje noteerde alles en herschikte de koeien netjes in alfabetische volgorde: Klara drie, Klara een, Klara twee en Klara vier. Zo, dat stond een stuk overzichtelijker. Toen ze even later bij een paar hoge bomen kwamen die veel wind vingen, wist Hans te vertellen dat dat 'mammoetbomen' waren. 'Mammoetbomen,' zei Hans, 'kunnen een hoogte bereiken van wel 120 meter, mits je ze niet te diep poot.'

Maar het meest interessante moest nog komen, vonden de beide jongens: het onweer. Het weer was al een stuk slechter geworden en er stond een stevige wind. Bij een klein huisje aangekomen schuilden zij even. Achter een raam van dat huisje zat een oude toverheks uitdagend met een elektrische ladyshave haar bikinilijn bij te werken.

'Wat doen twee jonge jongens midden in het spreukjesbos?' kraste de oude toverheks. 'O, mevrouw,' grapte Grietje, 'we hebben anorexia en zijn hier toevallig komen aanwaaien.' O, o, o. Dat is nou typisch Grietje hè. Altijd van die ongelukkige beelden gebruiken...

'Ik zou maar maken dat ik thuiskwam jongens, want er is onweder op komst.' 'Ja maar mevrouw, wij vinden onweer juist een machtig interessant verschijnsel, wetenschappelijk gezien.' 'Huh, wetenschappelijk gezien... Wij hier in het spreukjesbos houden er niet van. Onweer... Het begint wel flitsend, maar het eindigt altijd met gedonder.'

'Maar dat is voor ons, van de wetenschap, nu juist zo interessant, mevrouw. Bij onweer moet je namelijk tellen.' 'Tellen?' 'Ja, mevrouw, tellen. Je moet tellen vanaf het moment dat je de flits ziet tot het moment dat je de donder hoort. En als je dan het aantal tellen deelt door de afstand waarop het onweer van je verwijderd is, dan weet je precies hoe snel je geteld hebt.'

Ja, dat is handig hoor, die wetenschap. 'Dat gaat me allemaal te snel, jongmens. Ik ben ook al aardig op leeftijd, moet je weten.'

'Hoe oud bent u dan, vrouw heks?' 'Hoe oud ik ben? Daar vraag je me wat, jongens. Weet je, vorig jaar werd ik 99. En dit jaar word ik 94.' 'Ach kom, mevrouw... vorig jaar 99 en dit jaar 94?' 'Ja, jongens, ik ga hard achteruit.'

'Kom vrouw heks, niet zo somber hè? Hans en ik hebben vorig jaar nog een onderzoek gedaan en uit dat onderzoek is gebleken dat toverheksen in 1996 gemiddeld zeven jaar later dood gingen dan in 1989.'

(Let op: gemiddeld hè. Het is wetenschap en dat is altijd gemiddeld.)

'Jawel, maar hier in de buurt weet je het maar nooit jongens. De één zijn dood is in een spreukjesbos de ander zijn brood. Weet je, de dokter hier probeert me al jarenlang euthanasie aan te praten. Ik zei: "Nee dokter, nee. Pas als ik zó ver ben afgetakeld dat ik in mijn eigen uitwerpselen lig, mag u bij mij een pilletje overwegen."'

'Norit schijnt erg goed te zijn,' zei Hans.

'Ook zonder Norit maak ik het niet lang meer,' klaagde de heks, 'want wie staat op het rolletje, die kost het in een spreukjesbos zijn bolletje.' 'Hè gat, mevrouw, niet zo somber. Ze zeggen toch ook wel: "Krakende wagens lopen het langst". En "Hoop doet leven"?' 'Ach wat, "Hoop doet leven..." "Heden vol weerde, morgen in de..."' Een enorme bliksemflits verlichtte het spreukjesbos. Terwijl Grietje enthousiast begon te tellen, zakte Hans dodelijk getroffen op de grond. Handig die wetenschap... Hans' laatste woorden waren: 'De dood komt altijd...'

'Zo,' zei de heks, 'dat was wel héél onverwacht.'

Waarmee ik dit spreukjesboek bijna sluiten moet. Bíjna sluiten moet, want één laatste spreuk nog heeft u te goed:

Nadat Hansjes dood
de familie was gemeld
heeft die familie
een mooie advertentie opgesteld:

'Geen bezoek, geen bloemen,
we hebben het liefste geld.'

DE TRIANGELIST

Een maat of vier nadat De Vijfde begon,
had de triangelist zich ernstig vergist.
Hij werd bedankt, zonder pardon,
maar hij ging door met wat hij niet kon.

In een dweilorkest ging het ook niet zo best
en de Josti-band vond hem geen talent.
Playback dan met een band voor al uw partijen,
de sfeer in de zaal was prima te snijden.

Hij ging maar door zonder talent;
als straatmuzikant werd hij ook niet erkend
en als nicht in een club vol nachtamusement,
zong hij de masochistentango in z'n half blote krent:

'O, bind mij en sla mij in woeste razernij.
Kom, doe de masochistentango met mij...'
Een man uit het publiek riep tot de eerste rij:
'Sla die vent dan op zijn bek dan is iedereen blij.'

Verder en verder is hij afgezakt.
Hij werd voor het laatst in een film waargenomen,
alwaar hij een ezel van achteren pakt
en om herkenning te voorkomen
zijn de ogen van de ezel afgeplakt.

KUTJE BELIEVE IN A LOVE
AT FIRST SIGHT

- Hartelijk welkom bij 'Kutje believe in a love at first sight'. Een tv-programma dat het seksuele leven van de Nederlander onder de loep neemt. We hebben weer diverse mensen in de studio uitgenodigd die graag bereid zijn openhartig over hun liefdesleven te praten. We beginnen met Tina. En Tina, jij doet aan bodypiercing?
- *Mmmmmm.*
- Wat zeg je Tina?
- *Mmmmmmm*
- En waar pierce jij overal doorheen?
- *Mmmmmmmmm*
- Je bent een beetje moeilijk te verstaan, Tina, ik zal daarom maar zeggen wat jouw mening is: Tina is van mening dat er te veel seks en te veel bloot is op de tv de laatste tijd. Hoe denken de andere gasten daarover? Gerrit, wat vind jíj van al dat bloot op tv?
- *Nou, ik heb er geen bezwaar tegen, tegen bloot op tv, maar het moet wel functioneel zijn.*
- Het moet wel functioneel zijn, zeg je, wat bedoel je daar precies mee?
- *Je moet er wel een stijve van krijgen.*
- Ja, ja. Goh. Zo. Interessant. Dus. En is is is is dat ook de reden van je prostituee-bezoek? Zo'n eh... want je gaat nogal vaak naar een prostituee, heb ik begrepen?
- *Och, vaak, vaak, de ene dag wat vaker dan de andere.*
- ...Vanzelfsprekend hebben we ook een deskundige in de studio uitgenodigd. Dit keer is dat seksuologe Agnes van Bennekom. Agnes, hartelijk welkom...

Agnes van Bennekom promoveerde op het onderwerp 'Mannen-emancipatie' en Agnes, je stelde in je proefschrift dat mannen wel wat vrouwelijker mochten worden.

- De mannenemancipatie. Hoe zit het daar tegenwoordig mee? Gerrit? Ben jij geëmancipeerd?
- *Nou, volgens Tina dus niet maar volgens mij écht wel hoor.*
- Wat heb jij met Tina?
- *Tina is mijn huidige ex.*
- Je huidige... Ja ja, je bent met Tina getrouwd geweest?
- *Ja, en ik zeg nog steeds: je trouwdag is de mooiste dag van de rest van je leven.*
- Waarom is het dan toch misgegaan?
- *Geen idee.*
- Onze seksuologe wil wat zeggen...
- *Ja Gerrit, gedroeg je je wel geëmancipeerd? Ik bedoel, het was toch niet zo dat je in een stereotiep rollenpatroon verviel?*
- *Nee, hoor. We zijn er zelfs met zijn tweeën een hele avond voor gaan zitten om de huishoudelijke taken zo eerlijk mogelijk te verdelen.*
- *En is dat gebeurd?*
- *Ja, mijn vrouw deed de boodschappen, de kinderen en het koken en mijn moeder de afwas, de bedden en het poetswerk.*
- En zo zien we maar weer dat van een vrouw houden niet altijd problemen hoeft op te leveren. Mocht het bij

u tóch problemen opleveren, dan kunt u een boek bestellen over dit onderwerp. Dat boek is geschreven door de sjeik van Abu-Dhabi en het heet: 'Het houden van vrouwen'.

DE PAPEGAAI

Lorre! Lorre!

Ja?

- Lorre!
- *Zeg 't es.*
- Koppie krauw! Koppie krauw!
- *Ja, ik hoor je wel.*
- Wat is dat nou? Kun je mij verstaan? Rare papegaai, hij praat me helemaal niet na, de grappenmaker, hij praat gewoon terug. Hoe is je naam?
- *Lorre!*
- Zie je wel! Hoe zei je?
- *Lorre!*
- Hoe is het mogelijk, hè?
- *Lorre! Koppie krauw! Koppie krauw! Wat is dat nou, kun je mij verstaan? Rare papegaai, hij praat me helemaal niet na, de grappenmaker, hij praat gewoon terug. Hoe is je naam?*
- Lorre!
- *Zie je wel! Hoe zei je?*
- Lorre!
- *Hoe is het mogelijk hè?*
- ...ttssss! Hoe is het mogelijk, hè. Ik praat JOU na!
- *Ik praat JOU na!*
- Ha, zo ken ik je weer, jij praat mij na.

- *Jij praat* MIJ *na.*
- Jij praat MIJ na... nu praat ik alweer jou na. Dit is een heel intelligente papegaai zeg. Eens even testen wie van ons tweeën het intelligentste is. Lorre, hoeveel is een plus een?
- *Twee.*
- Goed zo, en hoeveel is een maal een?
- *Twee.*
- Ha, daar trappen ze altijd weer in hè. Hij is toch niet zo intelligent als ik dacht. Nog een keer: hoeveel is een MAAL een?
- *Twee.*
- Nee, dat is niet goed. Ik zal het je heel duidelijk uitleggen, let goed op: ik geef je één keer één pinda.

Zie je wel? Hoeveel pinda's heb je nu?
- *...*
- Tel maar rustig.
- *...*
- Je hebt nu één pinda.
- *Ja, maar...*
- Wat nou weer: 'Ja, maar...?'
- *Er kunnen er wel twee inzitten.*
- '...Er kunnen er wel twee inzitten... Heb je dan nooit de tafels geleerd op school, vroeger? Hier, lees dit maar eens goed na: 'Oefenboekjes met tafels voor het basis- onderwijs'.
- *Ai, er is een probleem.*

- Er is een probleem... Wat dan?
- *Niets uit deze uitgave mag worden vermenigvuldigd zonder uitdrukkelijke toestemming van de auteur.*
- Verrek, hij heeft gelijk: 'Niets uit deze uitgave mag worden vermenigvuldigd zonder uitdrukkelijke toestemming van de auteur.' Dat is een onhandig boekje... Ach, wat niet weet wat niet deert. Hier: $7\frac{1}{2}$ x 60, hoeveel is dat?
- *Veel te moeilijk.*
- Welnee, dat kun je vereenvoudigen! $7\frac{1}{2}$ x 60 staat gelijk aan 15 x 30, 15 x 30 staat gelijk aan 30 x 15, 30 x 15 staat gelijk aan 60 x $7\frac{1}{2}$ en 60 x $7\frac{1}{2}$ is...?
- *450.*
- Voila, zie je nou wel? Hier, dit is een hele mooie voor jou. Een papegaai heeft in zijn bakje 120 gepelde pinda's. Let wel: gepelde pinda's hè? Om misverstanden te voorkomen. De papegaai eet van die 120 pinda's één derde op. Hoeveel pinda's heeft die papegaai dán nog in zijn bakje?
- *$119\frac{2}{3}$.*
- ...Eh, zover gaat dit boekje niet, geloof ik. Nee, het is niet goed.
- *Tuurlijk wel.*
- Nee, het is niet goed. Dat moet 80 zijn en ik kan het weten want ik heb geregeld op school vroeger een tien gehaald. Jawel, een TIEN En weet jij waarvoor?
- *IQ?*
- IQ... Luister, hier is je pinda, hier is je rekenboekje... Je bestudeert de stof nog maar eens goed. Aan het eind van het schooljaar kom ik terug en dan overhoor ik je. Begrepen? 5 augustus ben ik terug.
- *Dan ben ik 4 augustus vertrokken!*
- Wat zeg je?

- *Dan ben ik 4 augustus vertrokken!*
- Hier hoor eens zeg: 'Dan ben ik 4 augustus vertrok-
ken...' De brutaliteit! O ja? Nou, dan ben ik 3 augustus
terug!
- *Dan ben ik 2 augustus vertrokken!*
- Dan ben ik 1 augustus terug!
- ...
- Nu heb ik 'm, nu heb ik 'm...!
- *...Dan ben ik half augustus vertrokken!*

EROTISCH DUET
MET BRIGITTE KAANDORP

(Brigitte:) - *Ha Herman!*
- Ha Brigit! Ik hier?!
- *Lang niet gezien.*
- Wat je zegt; veel te lang niet gezien!
- *Leuk dat we weer eens samen zingen. Ik heb hier de tekst bij me, zie je wel?*
- O ja. Ik zie het. Dank je.
- *Het is iets erotischer dan de vorige keer, dat vind je toch niet erg hè?*
- Een lied met jou kan me niet erotisch genoeg zijn, Brigit.
- *Dank je. Vind je nog steeds dat ik er goed uitzie?*
- Meid, je bent geen spatader veranderd.
- *Dank je.*

𝕿elkens als we samensmelten
smelt iets meer mee dan voorheen.
𝕳eel alleen
ben ik geen,
maar ik weet wij zijn met ons twee:
nummer één.

- Ja, ik snap het. Het is een vlot Hollands liedje.
- *Goed, dan nu het tweede couplet. Wat vind je trouwens, is wat ik aan heb een beetje geschikt voor dit nummer?*
- Ja hoor, is heel leuk.
- *Ja? Niet te ordi?*
- Nee hoor.
- *Rokje is misschien een beetje te kort hè?*

- Nee hoor, rokje is niet te kort, echt niet. Leuke riem ook.
- *Hoe riem, welke riem?*
- Nou, dat daar.
- *Dat is geen riem, dat is mijn rokje.*
- O, rokje... waar zijn we nu?
- *We zijn nu bij het derde couplet. Ik moet opgewonden van je raken.*
- Wat kan ik voor je doen...?
- *We beginnen met elkaar diep in de ogen te kijken.*
- O nee, dat duurt me allemaal veel te lang.
- *Pardon?*
- Dat duurt me veel te lang, dan word ik chagrijnig en dan word ik ongeduldig en dan heb ik er al geen lol meer in...
- *Tukker! Je stelt je niet aan, we beginnen gewoon. Ik lees de zinnen die schuin gedrukt staan en jij de andere, ja?*
- Oké.
- *[hijgend] Kijk, o! O! Kijk eens schat...*
- Ja, ja...
- *Kijk, mijn borsten...*
- Ja, ja...
- *De een nog mooier dan de ander...*
- Ja, ja...
- *Ooo...!*
- Ja, ja...
- *Zeg waar ben je nu eigenlijk mee bezig?*
- Ik lees gewoon de tekst...
- *Ja, maar dat staat er toch niet: 'Ja, ja...'*
- Jawel, hier kijk maar: 'Ja, ja...'
- *Laat eens zien... Nee, dat is: JAAAAA!!! JAAAAAA!!!*
- Ja, ja...

Telkens als we samensmelten
smelt iets meer mee dan voorheen.
Heel alleen
ben ik geen,
maar ik weet wij zijn met ons twee:
nummer één.
— En nummer twee —

- *Alles goed verder?*
- Jawel, hoezo?
- *Je kijkt zo wit. Je eet toch wel goed?*
- Nou, mijn moeder heeft wel een beetje raar gekookt vandaag.
- *Woon je nu nog steeds bij je moeder? Ik heb je al zo vaak gezegd dat je eens moet verhuizen.*
- Dat wíl ik ook wel, maar ik krijg mijn moeder niet mee.
- *Ik krijg mijn moeder niet mee... Ik had het weer gewoon met Danny de Munck moeten doen hè. Hoe staat het met je tekst, wordt dat nog wat?*
- Ja hoor, ik heb het nu wel door.
- *FIJN!*
- Kijk, hier staat bijvoorbeeld: 'Oooo! JAAAA!!! JAAAA!! ZOOOOO!!'
- *Goed zo!!!*
- Dat ken ik nog van de boerendansers.
- *Boerendansers?*
- Ja, ik heb in Almelo bij de boerendansers gezeten.
- *En daar hadden jullie deze tekst?*
- Ja. Daar hadden we precies dezelfde tekst: 'Ik goa met mien meken noar Hoksebarge too: o, joa, joa zo.' Maar nu begrijp ik dat we dat al die tijd verkeerd hebben gezongen; we hádden natuurlijk moeten zingen: 'Ik

goa met mien meken noar Hoksebarge too: Oooooo!!
Jooaaaa!!! Joooaaa! Zooo!!'

- *O, Herman, ga door...*
- 'Doar et wie stamppot moos met 'n kumpke koffie
too, Ooooo!!! Jooaaaa!!!'
- *O, God, dat accent hè...!*
- 'Joooaaa! Zoooo!!!'
- *O, hemel ik hou het niet meer...*
- Wat???
- *Ik ga al!*
- Meen je dat?
- *Ja, ik voel het, ik ga!*
- Dan ga ik met je mee...
- *Ja? Vlieg je met me mee?*
- Ja, ik ga met je mee... spulletjes pakken.
- *Over de regenboog...???*
- Als je eigen gelaarsde kat...!
- *O, Danny...!*
- Moeder...!
- *Ik tel af!*
- Ik tel met je mee
- *Vijf!*
- Vier!
- *Drie!*
- Twee!
- *Komt ie...!*

134

ALADDIN

Bij Blokker in de Grotestraat
trof ik Aladdin.
Hij zocht een mooie nieuwe lamp,
zo'n Turks geval van tin.
Het meisje zei
met oostelijk accent in haar stem:
'Dit is een echte wonderlamp
veur vief guld'n ma'j 'm hemm.'

'Ach kom,' zei Aladdin,
'een wonderlamp, gelooft u dat?
Ik geloof in Allah
en dat vind ik meer dan zat.
Vijf gulden zei u?
Kijk, dat is een prijsje naar mijn zin,
maar wonderen? Nee,
daar geloof ik echt niet in.'

Onmiddellijk kwam uit de lamp
een geest, die zei beslist:
'Wie niet gelooft in wonderen
is geen realist.'
'Excuses,' sprak Aladdin,
blozend en bedeesd,
'dan denk ik dat ik altijd al
wat zweverig ben geweest.'

'U mag een wens doen,' zei de geest
met een vriendelijk gezicht.
'Ik lever wonderen op maat

en ben zeer cliëntgericht.'
'Dan wens ik honderd jaar te worden,'
zei Aladdin toen maar,
en meteen werd hij veranderd
in een man van honderd jaar.

'Geintje,' zei de geest,
'ik maak het dadelijk ongedaan.'
Maar er was hem op de toverschool
blijkbaar iets ontgaan.
Want wat hij ook probeerde
en bezweerde met zijn lamp,
Aladdin bleef honderd jaar,
een regelrechte ramp.

Dit was niet meer geestig,
het werd echt te gek.
Het spook begon te zweten
en werd rood tot in zijn nek.
'Wat ís dit nu,' riep Aladdin
danig uit zijn sas.
'Excuses,' zei de geest,
'ik Hocus Pocus nog maar Pas.'

En wat is weer uiteindelijk
de moraal van het verhaal:
koop nooit iets bij Blokker
want 't is rotzooi allemaal.

TOSTI TORTELLINI

Er was eens een klein jongetje, dat als men hem vroeg wat hij later wilde worden, steevast antwoordde: 'Ik wil waarzegger worden. Maar ik wórd fietsenmaker.' En lezeres: hij wérd fietsenmaker. Zijn eerste klant kwam bij hem met een kapotte fietsbel. De klant vroeg hem: 'Voelt u hier iets bij?' De rijwielhersteller klapte onmiddellijk tegen de grond en begon schuimbekkend en luid schreeuwend met spastische bewegingen over de grond te kronkelen. Na vijf minuten stond hij op en zei: 'Nee, hier voel ik helemaal niets bij.'

In z'n vrije tijd zwerft deze fietsenmaker stad en land af om het onkenbare tastbaar en het ontastbare kenbaar te maken. Uri Geller kon een lepeltje krombuigen door ernaar te kijken; Hij kan een lepeltje krombuigen met een blinddoek voor. Een man met een bijzondere gevoeligheid, lezeres. Het messenwerpen op levende voorwerpen doet hij geblinddoekt, want hij kan geen bloed zien. Zelfs de ezels die hij bij zijn nummers gebruikt zijn geblinddoekt; lezeres, ik vraag uw diepste concentratie voor: Tosti Tortellini!

'Ontspan je maar lezeres, ontspan je maar. Haal heel rustig adem en luister naar de stilte in jezelf. Het is de geest die bepaalt hoe het lichaam zich voelt. Zo gaan Japanse topsporters, vóór een grote topprestatie, uren achtereen onbeweeglijk in de lotushouding zitten mediteren. Om de spieren lekker los te maken.

Het zijn allemaal eeuwenoude technieken en eeuwenoude principes. Voorbeeld: 4000 jaar geleden was het de tijd van de Egyptenaren. In die tijd bouwden de Egyptenaren: piramides. En zo hoort het ook... Als je piramides bouwt, dan moet je dat in je eigen tijd doen. Dat is zo een van die eeuwenoude principes. Evenals helderziendheid. Men vraagt mij dikwijls: Maakt u als helderziende eigenlijk nog wel eens iets onverwachts mee? Jawel, lezeres, jawel. Morgenavond nog.

Morgenavond komt er een man naar me toe met een bedrukt gezicht. Als helderziende zie ik onmiddellijk wat die man te wachten staat en ik zie dat hij niet lang meer te leven heeft. 'Ik heb een midlife crisis,' zegt de man. Ik zeg: 'Dat mocht u willen.'

Nee, helderziendheid is niet altijd leuk, lezeres. Sterker nog, helderziendheid is zelden leuk. Denk daarom niet aan wat komen gaat, denk slechts aan het Nu en het Niets. Het zijn hele oude technieken. Maar het zijn vooral hele oude principes. Maak je helemaal leeg, ontspan je volledig, want je gaat nu de hypnose in. Je schakelt je persoonlijkheid uit. Jouw persoonlijkheid bestaat niet meer. Mijn persoonlijkheid wordt jouw persoonlijkheid. Schakel je wil uit en je gedachten. Je wil bestaat niet meer, je gedachten bestaan niet meer. Mijn wil wordt jouw wil, mijn gedachten zijn nu jouw gedachten en je rechterarm voelt heel licht aan. Hij voelt zó licht aan dat hij wil gaan zweven. Niet zo licht als een veertje wordt die arm, nee, hij *wordt lichtér dan een veertje. Hij wil omhoog, los van de zwaartekracht. Geef er maar aan toe, je kunt hem niet meer tegenhouden, wat je ook probeert, want je hebt geen eigen persoonlijkheid meer, geen eigen wil. Mijn wil is jouw wil. Hoger en hoger gaat die arm, recht voor je uit, hoger en hoger. Je strekt je arm schuin omhoog. Je strekt je arm tot in je vingers. Geen eigen persoonlijkheid meer, geen eigen wil, geen eigen mening, mijn wil is jouw wil, mein Wunsch ist dein Wunsch, mein Kampf ist dein Kampf.*

Hypnose is beslist niet zonder risico, zoals wij uit de geschiedenisboekjes weten. Ik zal mij daarom beperken tot wat meer onschuldig paranormaal vermaak.

Als we heel goed luisteren kunnen we nu klopgeesten horen.

Mag ik volledige stilte alstublieft? Flauwekul... Als we heel goed luisteren kunnen we nu klopgeesten horen...

Nou, doe die bel af, zó kan ik toch niet werken! Doe die bel af!

JA! Ik hoor nu echt heel duidelijk klopgeesten!

HERMAN, DOE DIE DEUR NOU OPEN!

HÈ, VERDORIE! STA IK ME DAAR TE BELLEN EN TE BONKEN EN JE DOET DE DEUR NIET O...

Broeder is nu geheel onder hypnose, lezeres. Hij is alleen nog niet helemaal ontspannen. Ik zal je laten zien hoe gespannen deze broeder nog is aan de hand van de koffiekopjesproef.

Hou dit koffiekopje eens vast!

Je ziet het, lezeres, deze broeder is nog lang niet ontspannen.
Zet het kopje maar even op tafel!

Mag ik volledige stilte alstublieft!

MAG IK VOLLEDIGE STILTE ALSTU-BLIEFT!

HEBBEN WIJ GEEN OORTJES?

U ziet het, lezeres, het is de geest die bepaalt hoe de materie zich gedraagt!

Zo is het ook de geest die
bepaalt hoe deze hark zich
gedraagt.

Het is de geest die bepaalt
hoe de materie zich gedraagt.
Ook Broeder is voor een
groot deel materie en die
materie zal ik voor uw eigen
ogen laten zweven.

Ach, kijk nou toch!
Alles zweeft behalve Broer
zelf.
Hij is ook wel zo star! Maar
onderschat u hem niet! Hij
heeft een rol aangeboden
gekregen in een echte musi-
cal: Jesus Christ Super Star.

Helaas! Dan zal ik het hier-
bij moeten laten, lezeres.
Nog even voor alle duidelijk-
heid: er waren absoluut geen
draden in het spel.

Ziet u wel?!

Dank u wel!

SLOTAPPLAUS

Opstaan voor iemand misstaat niemand.

© Copyright 2006 by Catherine Maxwell

First published in 2006 by Northcote House Publishers Ltd, Horndon, Tavistock, Devon, PL19 9NQ, United Kingdom.
Tel: +44 (01822) 810066. Fax: +44 (01822) 810034.

British Library Cataloguing-in-Publication Data
A catalogue record for this book is available from the British Library

ISBN 0-7463-1106-0 hardcover
ISBN 0-7463-0969-4 paperback

Typeset by TW Typesetting, Plymouth, Devon
Printed and bound in the United Kingdom by Athenaeum Press Ltd., Gateshead

WRL

A 8029 01 285263

General Editor

D1362462

SWINBURNE